弱くても稼げます

シン・サッカークラブ経営論

小山淳　入山章栄
松田修一　阿久津聡

JN009787

光文社新書

弱くても稼げます

シン・サッカークラブ経営論

目次

序章

スポーツ産業勃興前夜

はじめまして、スポーツXの小山淳《こやまじゅん》と申します。

読者のみなさまはほとんど私のことをご存じないと思います。そんな私の経歴はおいおいご説明するとして、本書は日本を代表する経営学者の方々がスポーツならびに、スポーツビジネスについて語ったものです。時にざっくばらんに、時にその専門的見地から怜悧《れいり》に、日本のスポーツとスポーツビジネスについて論を展開していただきました。

スポーツビジネスの実務者である私は、そこで語られる理論を実務に置換したらどう捉えられるのか、そんなことを意識しながら聞き手役を務めています。

当代きっての若手経営学者として多方面で活躍中でありながら、意外（？）にも筋金《すじがね》入りのサッカーマニアでもある入山章栄《いりやまあきえ》先生には、サッカークラブと企業における人材、組織の在り方を巡りながら、日本の未来を見据えたお話を展開していただきました。ペップ・グアルディオラが率いたFCバルセロナが成し遂げたものを最新の組織論に則って読み解くさまは、さながら〝講義〟の様相を呈しており、私自身思わず聞き入ってしまいました。サッカーファンの方々から企業経営者の方々まで一読の価値あり。そう思います。

経営学の重鎮であり、ベンチャー企業研究の第一人者であられる松田修一《まつだしゅういち》先生にはベンチャー論の立場から、スポーツクラブについて考察していただいています。人の成長こそベンチャーにおける最も重要でありながら、なかなか解決が難しい課題だというお話には、非常に示唆に富む〝気づき〟を、ベンチャー企業経営者である私自身感じました。ヒントは「拠点」にあるというのが先生のお考えです。詳しくは本編でぜひ。

ブランディング論の大家であるデービッド・アーカー先生（カリフォルニア大学バークレー校ハース経営大学院名誉教授）の愛弟子でもある阿久津《あくつ》聡《さとし》先生にはブランディングとは何か？　から始まり、スポーツクラブのスポンサーになるとはどういうことなのか？　企業がスポンサーをする際に期待することは何か？　という観点から、お話しいただいています。どうしても印象論に終始しがちな「ブランド」というものについて、突き詰めて研究をされてきた阿久津先生だからこその骨太な「ブランド論」は、スポーツビジネスを志すみなさんや、実際に企業経営に携わっている方々にとって〝よき手引〟になるのではないでしょうか。

今回、各々の先生方とお話しさせていただき、改めて感じたのは、さすが日本を代表する経営学者のみなさんだけあって、その論考はスポーツのみならず現代社会の在り方を考えるうえでも、大変重要な視点を与えてくれるということでした。

本書が生まれるまで

「経営」を研究し尽くされているアカデミアの方々に、様々な見地からスポーツビジネスを考えていただいた本書ですが、その生まれた経緯に関しても簡単に触れておきたいと思います。

日本のスポーツビジネスの置かれている状況を一言で示すと、激動の時代と言えるでしょう。２０１６年には政府発表の成長戦略「日本再興戦略２０１６」にて国策としてスポーツを成長産業化することが掲げられ、市場規模を２０１５年の５・５兆円から２０２５年までに15兆円へ拡大させるというＫＰＩ（重要業績評価指標）が設定されました。

ＫＰＩが設定されたということは、国が〝本気〟でスポーツを成長産業化しようとしている。それが明らかになった。そう考えられます。実際、私の実務領域である日本サッカー界もＪリーグの観客動員は順調に伸びており、ＩＴ企業などを筆頭に投資も積極的に行われる状況が生まれ、鹿島アントラーズとメルカリ、ＦＣ町田ゼルビアとサイバーエージェント、

FC東京とミクシィなど、近年も多くのカップリングが成立してきたことはみなさまご承知の通りです。

　まさに勃興前夜、そんな様相を呈してきたといえましょう。すっかりスポーツはカルチャーとして社会に根付いてきたように見えていました。しかし、好事魔多しといいますか、直近では新型コロナウイルス感染症の蔓延もありスポーツ界も大きなダメージを受けました。

　私たちの会社「スポーツX」はスポーツを通じた社会的貢献を理念に運営される組織ですが、具体的な事業としてはプロスポーツクラブの運営（及び運営ソリューションの提供）やコンサルティング業務なども行っています。そしてコロナ騒動によって何が起こったかというと、運営に行き詰まったクラブ（と、そのオーナーサイド）から当社への相談案件が激増したのです。

　クラブを立て直すことができる経営者を探しているクラブや、債務超過に陥ったクラブからの資金調達にまつわるご相談など、その内容は様々でしたがいずれにしても、かなり深刻な事情を抱えているケースが目立ちました。

　ですが、その一方で、デューデリジェンスというと大げさですが、いわば「内実」を実際にお聞きすると、実務を担う経営スタッフは案外危機感が薄いケースなどもあり、同じスポーツビジネスに携わる者として違和感を抱くこともままありました。

実は激動の時代と述べたのは、何も新型コロナウイルスにまつわる社会的混乱ばかりが理由ではありません。

国が成長させると決めた以上、スポーツビジネスは今後優遇される機会が増えるかもしれません。投資が集まりやすい環境も再び戻ってくるでしょう。また、スポーツ環境の充実にはインフラ整備も欠かせないため、大型施設などへの投資も生まれやすくなる可能性があります。しかし、そういった状況は、時にスポーツにはまったく関心がないヒト、モノ、カネも呼び寄せてしまいます。

私は2000年代のはじめにIT関連の企業を起ち上げたことが起業家としてのスタートでした。そこではささやかな成功体験しか得られませんでしたが、当時まさに勃興期にあったIT業界にいたこともあり、多種多様なIT企業とその〝関係者〟の方々を見てきました。なかには反社会的勢力が深く関係しており、芸能人を呼んだ派手な上場記念パーティーの後に、なかなかショッキングな刑事事件を起こすに至った企業もありました。新しい業界が生まれる際にはやはり、様々な人が集まってくる。玉石混交の状況が生まれる。そんな印象を強く抱いたものです。

さて、今スポーツビジネスが注目を集めています。勃興期に玉石混交状態だったかつてのＩＴ企業群で起こった一部の悪い事例と同様の事態が、スポーツ界で起きてもらっては困るわけですが、やはり関わる方々が増えれば増えるほど考え方の相違というものは生まれてきます。また近年、日本のプロスポーツも地域密着を謳《うた》うのが常道となってきましたが、一面的な中央での正しさが地方で通用するとは限らないケースや、その逆に地方の考え方だけでは中央だと理解を得られないケースも存在します。私自身、故郷の静岡県藤枝市でＪリーグクラブを創設した際には、そのような問題に直面しました。

こういった困難に直面した際に、どちらかの常識だけを振りかざすと、結局最も被害が大きいのは実直な思いでクラブを応援してくれたり、身銭を切って支援してくださった地域の方々だったりします。それではマネーゲーム的論理とは無縁の、地域社会のリアルを大きく傷つける行為になりかねません。

激動の時代だからこそ、私たちスポーツビジネスに携わる者はどういった指針を持って経営にあたればよいのか？　それを改めて考えてみたのが本書です。

なお、本編では私の経歴や、私が経営するスポーツＸの事例を引いて、先生方のお話を聞かせていただいています。そのため事前知識があると理解の一助になるかと思いますので、ご挨拶の最後に、その経歴と事業概要を簡単にまとめさせていただくことにしました。

プロ選手を断念した私の放浪

私はスポーツXという、サッカークラブの経営をはじめとしたスポーツビジネス事業を行う会社を２０１７年に設立し、現在も経営しています。ですが、先に少し私の経歴に関して紹介させてください。この設立には私自身の経歴が大きく関係しているからです。

実は私はかつて、サッカー選手でした。あまり自分で言うことではないと思いますが、そこそこ将来を嘱望された選手で、中学・高校では全国優勝、世代別の日本代表では副主将を務めるなど、高いレベルでのプレーも経験してきました。

同級生には中《なか》田《た》英《ひで》寿《とし》選手や宮《みや》本《もと》恒《つね》靖《やす》選手など、後に日本代表として大活躍する選手たちがおり、世代別の代表時代は彼らと一緒に切磋琢磨していました。ポジションは中盤で、スタイルとしては縦への推進力と視野の広さで勝負するタイプ。１対１の駆け引きと展開力でゲームを作りながら、ペナルティエリアに飛び込んで得点に絡むプレーが得意でした。17歳時にはＪ１の複数のクラブ（と言っても当時はＪ２が設立される前でプロはＪ１だけでしたが）からオファーもありましたが、早稲田大学に進学します。しかしそこで大怪我に見舞われ、選手生命を絶たれてしまいました。

高校卒業時にプロ選手にならず、大学に進学したことで選手生命は絶たれました。しかし、仮に当時そのままサッカーを続けられていたら、今の経営者としての私は存在しないでしょうから、文字通り怪我の功名だったのかもしれません。

大学進学を選択した理由は日本サッカー協会の会長になりたかったからです。これまた突拍子もない理由に感じられるでしょうが、１９８６年、当時10歳だった私はメキシコW杯で優勝を遂げトロフィーを掲げるマラドーナ選手を見た際、ある決意を固めます。

それは、将来日本サッカー協会の会長になり、W杯で活躍するレベルまで日本サッカーを強くするという決意でした。もちろん、当時だってサッカーをしていましたし、それならば普通、自分が選手として日本を初のW杯出場（当時日本はW杯に出場できるレベルではありませんでした）に導くという夢を抱くのが普通でしょうから、少し変わった子どもだったのかもしれません。

いずれにしても10歳という年齢に似つかわしくない夢を抱いた私は、それを現実のものにすべく、サッカーをし続けます。そして高校卒業時、当時静岡新聞社に勤務していた父のアドバイス、「日本サッカー協会の会長になりたいなら、協会は早稲田閥だからまず早稲田に行っておけ」に従い、早稲田大学に進学したというわけです。

しかし、大学1年時に大怪我をし、さらにその手術が失敗。一流のサッカー選手になる道は絶たれました。夢破れ、絶望の渦中、大学は中退しました。その後、1~2年は立ち直れず、暗中模索の日々が続きましたが、23歳の時に転機が訪れます。アルバイトで120万円を貯め、世界33カ国を放浪する旅に出たのです。これは今から思えば〝自分探し〟と称して海外に救いを求める、少し安易な若者行動の典型のようにも思えるわけですが、結果的に放浪の経験が私のその後の考え方に大きな影響を及ぼしました。

旅の途中、貧しい暮らしのなかで必死に生きる人、明日の生活費を稼ぐために犯罪に手を染める人、そんな人々に数多く出会います。二度強盗に襲われ、命の危険を感じながら世界を見て歩いた経験、その経験が「一生をかけて世界中の貧困や不平等をなくす」という新たな人生の目標を私に抱かせてくれたのです。

サッカークラブ運営の異様な難しさ

サッカーをしているだけでは気づかなかった世界と社会。それを肌で感じ、帰国後は、より人々が生きやすい社会を作っていきたいと考えるようになりました。そして25歳の時、まずはインターネット関連企業を起ち上げました。

起業した２００２年当時、インターネットはすでに社会に普及していましたが、その重要性は今後さらに増していくだろうと予想していました。そこでテクノロジーの力を使って世の中を変えていきたいと思ったのです。多少苦労もしましたが、時流もあり比較的堅実に会社は経営できていました。そんな時、当時の仕事を通じて再びサッカーとのつながりが戻ってきます。早稲田で共にプレーした旧友が、あるサッカーメディアのＷＥＢ業務を紹介してくれたのです。

その仕事がきっかけとなり、Ｊリーグクラブやプロ選手と接する機会が増えました。すると自分はやはりサッカーに育てていただいた人間であることを再認識します。もはや世代別代表や全国大会で戦ったライバルたちとはまったく違う道を歩んでおり、接点が生まれることはないと思っていましたが、彼らとの交流が復活する過程で、これまでやってきた仕事であるＩＴのテクノロジーと、サッカーを組み合わせると、また少し違う形で社会に貢献したり、サッカー界に恩返しができるのではないかという考えが芽生えてきました。

その思いを実現するため、２００９年に当社（スポーツＸ株式会社）の前身、株式会社藤枝ＭＹＦＣ（以下藤枝）を新たに二つ目の会社として創業しました。

当初は当時最先端とも言えるＩＴの新しい潮流をサッカーに組み込むことを意識して創業したのですが、これは端的に言うと失敗しました。具体的には本書第２章の松田先生との対話中に触れていますが、クラウドファンディングやサブスクリプションモデルを取り入れたＳＮＳを構築し、そこで行われる支援者たちの〝熟議〟と〝会費〟をベースとして運営されるサッカークラブを構想し、起ち上げたのです。

想定されるモデルとしてはＦＣバルセロナのようなソシオ（会員たちが会費を払い運営する組織）制度で運営されるクラブです。民主的でオープンな議論が常に行われ、「投票」の権利を有した会員たちが、投票行動で未来を決定し運営されるクラブ。すぐには会費ベースで運営できなくとも、将来的にはそこが強固な基盤として運営されるクラブ。そのために、ＩＴを使えないかと考えたのです。多少は事業が上手くいっていたため、少々無謀なチャレンジをしたんですね。しかし当然ながら会員獲得は伸び悩む結果となります。ただ、ここまではむしろ想定の範囲内です。むしろ想定外だったのはサッカークラブを運営することの異様なまでの難しさでした。

Ｊリーグを目指すクラブを起ち上げたら、それに対する反応は応援してくれるか、興味がなくて無関心。当時の私はそう考えていました。ですが（今となっては当然だとよくわかりますが）意外にも反対するムードが一部で醸成されてしまったのです。

どの順番で誰に挨拶に行ったか、誰かに声をかけるにあたって、その根回しは適切だったか。それまで合理主義の粋《すい》を極めたかのようなＩＴ業界で仕事をしていた私は、そういった各種業界における〝相応しい行動規範〟に無頓着でした。その結果、私の若さを買って熱烈に応援してくださる方がいる一方、生意気な若造が勝手にサッカークラブを作り出した、と、よく思わない方々の反感を買ってしまったのです。今となっては、受け入れてくださる地域の方々の感情を無視した身勝手な自分の行動を深く反省しています。

人は感情の生き物だとよく言われるように、ビジネスを円滑に進めていくうえでも、他者の感情に配慮し、いかに協力者の輪を広げていくかを考えるのは当然です。また、ビジネスを抜きにしても、自分が藤枝市というサッカーの街に生まれ、藤枝市の豊かなサッカーインフラを当たり前に使わせていただいて成長させてもらったのは、先人の方の計り知れぬ努力があったからこそです。ですから何よりもまず、そういった方たちにお会いしてご挨拶し、教えを乞《こ》うところからスタートしなければいけませんでした。ただ、当時の私はそこに考えが至っていなかったのです。お恥ずかしい限りです。その当時の失敗を語ると本が一冊書けてしまうので、このあたりにしておきますが、いずれにしても設立当初の藤枝は、いきなり周囲の反発を受け困難に直面します。その結果ベンチャー企業の少ないリソースをどこに振り分けるかという選択を迫られることになり、ＩＴのテクノロジーを前面に打ち出すのは中止して、何よりもまずクラブを円滑に運営していくことに全力を注ぐ決断をします。新規性よりも安定した経営基盤の確立に励むことにしたのです。

余談ですが、民主的でオープンな議論という藤枝設立当初の理念は、その後もできるだけクラブのカラーとして反映するよう努めてきました。そして今でもいつかどこかで達成したい目標としてあります。Ｊ３に所属していた藤枝経営当時も実際にその理念を反映した取り組みもあり、それは次節の戦い方を動画で公開するという試みでした。ＹｏｕＴｕｂｅ上で自らの戦術と対戦相手分析を公開したうえで、試合のプレビューショーとして配信していたのです（『かかってこい！・藤枝ＭＹＦＣ戦術公開』〈現在もＹｏｕＴｕｂｅで視聴可能〉）。

当然現場はあまりよい顔をしませんでしたが、まずは自分たちが何を目指して、何をするのかを地域の人々に知っていただくことからしか、クラブが地域に根付いていく道はないと考えていたので、その一環でした。担当は現在も当社所属の分析官であり、当時は藤枝で同職を担っていた龍《たつ》岡《おか》歩《あゆむ》という者。彼が10分弱、藤枝の戦い方や対戦相手の分析について動画で解説するのです。今でこそ、Ｊ３はＤＡＺＮが全試合放映してくれていますが、当時は試合放映はおろかＪ３を真剣に分析したりプレビューしてくれるような映像メディアは皆無でした。だったら自ら作ってしまおうと始めたわけです。視聴者はコアなファン・サポーターに限定されていましたが、周囲は好意的に捉えてくださった方が多かったように思います。ちなみに龍岡はその後の２０２１年、テレビ朝日系列『激レアさんを連れてきた。』に出演するなどして、一部のサッカーマニアの間では少し名前が知られるようになります。そして、本書と同じ光文社新書より、欧州のサッカー戦術について解説した『サッカー店長の戦術入門』も出版しています。もしご興味がおありでしたらご一読ください。

余談が長くなりました。このように２００９年に藤枝を創業し２０１７年まで、その準備期間も含めると約10年間にわたってプロサッカークラブを運営してきた私は、地域密着型サッカークラブの運営ノウハウや、その存在意義に関して自分なりの確証めいた手応えを感じていました。その結果、現在、経営しているスポーツＸという会社を、その確証を実証する場として起ち上げるわけです。ではどのような確証を得て、何を実証しているのか。藤枝時代の取り組みも交えながら、現在行っていることをまとめてみます。

①経営基盤確立（アカデミー&スクール）

安定した経営基盤はどのような企業にとっても不可欠ですが、サッカークラブにおいてもそれは変わりません。特に藤枝で重要な役割を担ったのはアカデミー&スクール（以下アカデミー）事業でした。とはいえ、これはプロスポーツクラブの経営でよくみられる親会社収益部門からの損失補填といった枠組みではありません。後述する〝選手兼任社員〟の取り組みと対をなし、自活する選手が自分たちで事業も行いクラブを成立させるシステムです。この経営基盤でありシステムが強固であったため、藤枝はかなりのスピードで昇格を果たし、単年黒字化もいち早く成し遂げています。

当時の藤枝はアカデミー事業を行う子会社（当時の株式保有割合による）を保有していました（現在の株式保有率に基づく法的な位置付けは私が経営するスポーツXの関連会社になります）。先にこの子会社について概要を述べておくと2017年には国内の生徒が1万人を突破、海外でもベトナム・シンガポールに事業を拡げ、2019年末にはグローバルで1

万７０００人の生徒が通うスクールです。内訳は国内１万２０００人、ベトナム４０００人（ベトナム最大）、シンガポール６００人。そしてこの子会社の成長こそが藤枝の経営基盤でした。

Ｊリーグはクラブ経営情報開示資料を毎年公開しています。しかし、この子会社の売上や利益は別会計としてクラブの経営情報には含めてはいけないという通達がＪリーグからあったので、当時の開示資料には藤枝の売上は非常に低い数字が記録として残っています。

ただ、実態としては子会社のアカデミーで働く選手兼任社員たちが主力としてクラブの勝利や発展に寄与してくれ、また事業としても経営の安定に絶大なる貢献をしてくれていたのです。すべての選手兼任社員たちが素晴らしい働きをしてくれましたが、なかには「ミスター藤枝」と周囲から呼ばれるほどクラブの象徴となる活躍をした選手もいます。

また、経験してわかったこととして、実社会でビジネスに従事することがサッカー選手に及ぼす影響の偉大さがあります。もちろんＪ１などのトップリーグの選手が毎日別の仕事をしながらサッカーをするのは、現実的になかなか難しいはずです。しかし、Ｊ３などの下位カテゴリーに所属する選手にとってはビジネスの経験もまた成長の糧《かて》になるということがはっきり見えてきました。これは経営的に大きな発見だったと思います。

なぜビジネスの経験が大きな効果を生み出したのか。それは、自分が生活するためのお金はどこから生まれるのか。お金を稼いで家族を持ち生活をするとはどういうことなのか。そういったことを実体験として学べるからだと思います。そして、そのような社会の仕組みを理解し、壁を乗り越えてきた人間がサッカーをすると、プロリーグであるＪ３昇格を果たした後でさえ偉大な戦力へと成長するのです。その結果、学校を卒業する際に選手として受けた評価、序列を覆すに至ります。

実際、先ほど例に上げたミスター藤枝と呼ばれた選手（奈良《なら》林《ばやし》寛紀《ひろき》）は青山学院大学を卒業時、一度はサッカーをやめる選択をしています。サッカーをやめて普通の社会人になろうと就職活動をしていた際に偶然、アカデミー事業者である藤枝の子会社に応募してきたという変わり種です。

大学時代には主将を務めたその経歴から、選手としても通用するのではないかと採用担当から問い合わせがあり、スカウトとは無縁でクラブに加入した選手でした。その後の活躍はといえば、新卒でＪ１に加入しても出場機会を得られずＪ２、Ｊ３、ＪＦＬとカテゴリーを下げる選手が大半の厳しい世界において、それとは正反対のキャリアを積み上げます。彼が入社した当初の藤枝は地域リーグ（5部相当）所属でしたが、彼の活躍もありJFL（4部相当）昇格を果たすと、その勢いのままJ3昇格もすぐに達成。彼自身、カテゴリーが上がっても毎年フル出場に近い活躍を続け、引退する前年もJ3で32試合出場。見事なまでのキャリア形成を成し遂げました。

特筆すべきは、その間、彼はアカデミーの仕事を最優先して続けていたことです。しかもそれは、昇格を決める最も重要な試合の直前ですら変わらずでした。JFLへの昇格戦などは平日に休みが取りにくい社会人の大会という位置付けのため、金土日の3連戦があったりして大変厳しい条件で行われます。そうした時でも彼は直前まで社業を行い、試合に間に合うギリギリのタイミングで数百キロも移動して試合に出ていました。ちなみに奈良林は現在、幹部としてシンガポールのアカデミーを切り盛りし、ビジネスパーソンとしてもさらなる飛躍を遂げています。次項では、そんな選手兼任社員についてより詳しくご説明いたします。

②選手兼任社員（雇用・経営の安定と個人の成長）

藤枝が異例の成長スピードを達成した背景には（J3ができてくれたおかげで、記録上は史上最速レベルのＪリーグ昇格です）選手兼任社員が大きな役割を果たしてくれた。それは前項で述べた通りです。経営基盤の確立という部分でもその役割は大きく、一般的にＪ３リーグはスポンサーフィーと興行収入だけではビジネスとして成立させるのが極めて難しい中、藤枝の場合はＪ３昇格２年後に単年黒字化を達成しています。

　Ｊ３というカテゴリーにおいては、親会社やオーナーが経営する会社からの実質的な損失補填などを一定金額スポンサーフィーという形で「売上」として計上することが一般的です。選手人件費などを親会社がスポンサーフィーとしてクラブに支払い、その予算を柱にしてクラブを運営していくということです。

　しかし、それは「売上」というより「寄付」であったり「期待料」と呼んだほうが実情に近いとも考えられます。逆にいえば、その「寄付」をいかに目に見えるスポンサーメリットという「価値」に転換し、実態としても「売上」にするかがクラブ経営者の腕の見せどころという見方もできるでしょう。

　ただ藤枝の場合は残念ながら、そのような親会社は存在しませんでした。それどころか収益の柱である子会社のアカデミー事業を行う会社には、選手一人あたりいくらという形でコンサルティングフィーが発生する仕組みをとっていました。とはいえ連結対象の子会社相手ですから、そこに経営戦略以上の意味はありませんが。

いずれにしても、藤枝はＪ３でも自活できる選手というものを生み出すために注力し成功した珍しいケースだったのです。アカデミーで働く選手兼任社員たちが実際に生徒募集に尽力したり、先生として指導したりするなかで、売上を伸ばし利益を上げていく。そんなサイクルの確立に成功していました。

実のところ、この方法を始めた当初は、私も、サッカー選手としての部分は社業により多少スポイルされてしまうかもしれないと考えていましたし、「ミスター」の称号をサポーターから頂戴できるような選手が社員から育つとは夢にも思っていませんでした。

アカデミー事業は私のよき事業パートナーである橋《はし》野《の》裕之《ひろゆき》という者が担当しています。今は関連会社になっていますが、今も当時もこちらの事業に関しては、長年その道で実績を挙げ続けてきた橋野を信頼し、ほぼすべてを任せています。アカデミー業界叩き上げでプロ中のプロである橋野はビジネスにおいて妥協を許さない厳しさを持っています。

指導現場における暴力の根絶から始まり、礼儀作法、周囲への感謝の念、技術よりもまずスポーツの楽しさを教える指導方針、お茶当番など理不尽な親御さんの負担の廃止など、今では常識となったスポーツ指導を二十数年前からいち早く実践し、数々の実績を作ってきました。それが高く評価され、当社の生徒数1万7000人規模のアカデミー事業へとつながったわけですが、そういった高レベルのサービス（指導方針）を社員として実践し、サッカーもやるのは大変だろうなあと個人的には思ったわけです。

ですが、現実は違いました。社業を行うことでメンタルが劇的に成長するからです。サッカーというスポーツには技術ももちろん重要です。しかしメンタルスポーツの側面も多分に持ち合わせています。

例えば自分が試合に出られない時、選手は不満を抱えます。自分を使ってくれない監督を恨むこともあるでしょう。その時にもっと努力しようと考えることは、ある程度レベルの高い選手ならできるかもしれません。ただ、もう一段階上の思考といいますか、他者である監督が求めているものは何で、それを自分が獲得するには何をすべきかという発想までいける選手はごくわずかです。

しかし、本書を読んでいる社会人の方ならご存じの通り、実際のビジネスの現場ではお客様のニーズを把握してそれに応えるというのは当たり前すぎて、わざわざ教えたりするほうが珍しいレベルの話ですよね。ですが、勝負であったり、サッカーというスポーツのフィルターがかかった瞬間、その常識が見えなくなります。

J3や4部、5部リーグという下位カテゴリーだと、その状況に拍車がかかります。というのも、そこで戦う選手の一部は高校年代では全国大会に出場していたり、私のように年代別代表でプレー経験がある選手たちだからです。日本サッカーの裾野が拡大したことにより、現在は私がプレーしていた時代と競争の質が変わりました。スポーツエリートだった選手でも今やJ3はおろか4部5部相当でしかプレーを続けられないケースも出てきています。他方で、彼らはそれまでサッカーにほぼすべてを懸けてきたと言っても過言ではない青春を送ってきました。いずれは日の丸を背負ってW杯に出場することを、夢ではなく、ある程度現実的な目標としてプレーしてきた選手も多いでしょう。すると4部5部でしかプレーできない、しかもそのレベルでも試合に出られないという現実に直面した場合、ショックは甚大というわけです。

選手は作品か商品か

ところで、サッカー選手を商品にたとえるのは好ましくない行為だと私は考えます。しかし現実として移籍市場とかトランスファー・マーケットなどという言葉があるように、商品の比喩としてサッカー選手が扱われるケースは多くあります。それはサッカー選手が常にクラブや監督、スポンサー、ファン、サポーターといった他者の評価にさらされ続ける存在だからです。そうした状況に適応する手段として社業は有効でした。ビジネスの経験は物事を客観視する視点を与えてくれるからです。商品であれば、いくら作っても需要を喚起しなければ買ってもらえません。需要を予測し、それに見合った商品を作ろうとみんな考えます。他との差別化だって重要ですから、どこでオリジナリティを発揮するかも考えるでしょう。自分だけにしか価値がわからないモノは作品ではあっても商品としては成立しません。でも、サッカー選手は往々にして自分だけにしかわからない価値で勝負したくなってしまう。そこに違う角度の視点を与えるのがサッカー以外の人生や仕事で獲得した視野の広さなのです。

サッカー選手として、自分を作品と捉えて勝負するのか、それとも商品と考え市場のニーズにマッチしていくのか。

ここまで書いておきながら、実は私は作品と考えて勝負したってかまわないと思っています。選手は人間です。そして極論すれば、プロサッカーはその存在が消えたとしても人類の存亡にはほとんど影響を与えません。人間の生存になくてはならない必需品でもないのに、市場での評価ばかり気にしてサッカーをしても仕方がないじゃないですか。私だって自分の考える最高のプレーがしたくてサッカーをやってきたわけですから、違う考えを選手に押し付けようとも思いません。

　ではなぜ、サッカー選手を商品にたとえて話をしたのか。それは社員として会社で働くビジネスの経験が、作品としての自分と、商品としての自分を分けて考える思考を与えてくれるとわかったからです。自分の評価と監督やクラブの評価は違う。そしてサッカーの現場で必要とされるものと、仕事で要求されるものも違う。その当たり前の事実を直視したうえで、自分のキャリアをどう形成していくのか。それが社員として仕事に携わることで見えてきます。

　社業に携わると一般の社員とも交流することになりますが、これも非常に大きく影響します。通常サッカー選手はクラブに加入する際、スカウトや指導者の方のご紹介などによる加入がほとんどで、就職活動を経験していない選手が大半です。他方、一般社員は就職活動を経験している人間が多く、その過程では「お祈りメール（今後のご活躍を祈念しておりますという文面の不合格通知）」を受け取った経験もしています。つまり自分を否定されたようなショックを若くして経験し、それを当たり前に乗り越えて社会で活躍する仲間がいる。そしてそれを知る機会が選手兼任社員にはあるのです。これも人の成長によい影響を与えてくれることは間違いありません。

もう一つ、社業を行う最大の効果があります。それは人のために頑張る、それがプロフェッショナルの本質だという事実に気づくことです。アマチュア選手は楽しいからプレーします。プロはといえば、一面的にはお金のためにと思われるかもしれません。その側面ももちろん否定しませんが、結局それはサッカーというスポーツが興行として成立するほど見る者を感動させる力があるからで、見て面白いと思う人がいなければお金をもらってプレーするのは不可能です。つまり見てくれる人、応援してくれる人のためにプレーするのがプロのサッカー選手です。しかし、通常プロになったばかりの選手は自分のためにプレーしていたアマチュア時代の気分を引きずったままです。だから自分のサッカーだけを追求してしまいます。それがどんな監督からも評価されるものであれば、幸福なサッカー人生を送れるでしょう。ですが多くの場合は当然のように壁にぶつかります。しかし、社業を行う選手は、この壁を越えるための原動力を様々なところから得ることができます。

これはどういうことでしょうか。藤枝の場合で説明します。アカデミーで子どもたちを教える選手兼任社員には教え子がいます。教え子たちはいつも教えてくれる先生の試合を見に来て「先生ガンバレー」と声援を送ってくれます。果たして、そんなチビッ子たちの声援を受ける〝先生〟は自分の楽しみやキャリアアップの目的だけでサッカーをし、監督が悪い、周囲の選手たちが下手くそだといった文句を言い続けながら不甲斐ないプレーを続けられますか？　ほぼすべての選手は、そうはなりません。応援してくれる子どもたちのためにも頑張るようになります。そういう意識が芽生えれば、月謝を払いお子さんを通わせている親御さんたちがいるからこそ、自分がプレーする環境が生まれていることに思い至るのも難しくありません。社業に勤《いそ》しむ経験が結果的に、〝社会は自分一人では生きていけない〟ことへの気づきになり、プロフェッショナリズムの理解へとつながるのです。ですから先に例として挙げた奈良林選手がミスター藤枝と呼ばれるＪリーガーとなったことも、ある意味当然だったと今では思います。

ちなみに藤枝の選手兼任社員は私が経営していた時代、多い時で10人ほど在籍していましたが、彼らの一人あたり売上は約８００万円。社内の別事業に従事してクラブに利益をもたらしていたのですから、サッカー選手単体として見た場合、彼らの人件費は実質的にマイナスだったとすら言えるでしょう。

そもそも、サッカーのようなスポーツで成功するためには洞察力や協調性といった能力が不可欠です。その点は会社員の方々と何ら変わりません。ですから、サッカーで成果を挙げてきた選手たちは本来、ビジネス人材としても活躍できる素地を持っていると私は考えています。サッカーを続けながらでもそれが可能だと実証してくれたのが藤枝の選手兼任社員たちでした。

また、藤枝ではここまで述べたようにアカデミーという広義のサービス業領域で選手兼任社員が売上を計上し、自活してくれたわけですが、現在私たちのグループが保有する京都府の「おこしやす京都ＡＣ」という地域リーグ所属のチームでは、さらに一歩進んだ取り組みに挑戦しています。

おこしやす京都ＡＣは東京大学卒業後に私が経営していた時代のＪ３藤枝でプレーした史上二人目の東大卒Ｊリーガー添田《そえだ》隆司《たかし》が経営しています。クラブが現在力を入れているのが、私たちがパートナーシップ営業と呼んでいる地域との関係づくりです。これは藤枝で私と営業部門のスタッフたちが取り組んでいた、サッカークラブを地域経済のハブとして活用し、地域経済を活性化しようという取り組みがベースにあります。藤枝では「サッカー経済都市」という呼び方でこのプロジェクトを推進していました。知名度が低いＪ３のクラブでも、クラブに関わった方々が相互に経済的なメリットを享受できるような街づくり、そんな理念が背景にあります。したがって近視眼的にクラブが収入を得ることが目的のプロジェクトではありません。地域社会があってこそ存在できるサッカークラブ。そういった特性を鑑みた結果、必然的に私たちが選択したのはスポンサーシップからパートナーシップへの移行というスタイルでした。次項ではそれについて少し説明させていただきます。

③パートナーシップ

本書第1章で対談させていただいた経営学者の入山章栄先生は北海道の「生活協同組合コープさっぽろ」の理事をされています。生活協同組合は株式会社ではなく、経営上、株主に該当するのはユーザーであり出資者でもある組合員たちとなります。それはつまりステークホルダーが地域の住民であることを意味し、株主利益ではなく地域住民の利益だけを考えればよい。そんな仕組みに入山先生は着目されているそうです（その点に関しましては本書の対談でも一部触れられています）。

藤枝で行っていたクラブを「地域経済のハブ」として育てていく取り組みは、生協の仕組みと少し似ています。藤枝は株式会社として運営されていたクラブですが、その株主&パートナー企業は地域企業や経営者の方々を中心に５００以上にも及んでいました。株主の方々はもちろん文字通り出資者ですし、ステークホルダーです。そして、その多くは地域住民でもあります。藤枝にも当然スポンサーをしてくださる企業もありましたが、その多くは株主も兼ねており、従業員や経営者の方は地域住民でもありました。つまり藤枝のとっていた地域住民主体型の資本戦略は構造として少し生協に似た形態だったのです。

スポンサーといっても、実際問題Ｊ３クラブであった藤枝のユニフォームへの広告掲示で生まれる露出効果はさして多くありません。そこで、少しでもスポンサーメリットを生むために私たちがとった戦略が「スポンサーシップからパートナーシップへ」というものでした。具体的には企業の課題解決につながるマッチング機会をクラブが中心となって図り、そこで経済効果を生もうというものです。

私がいた頃のＩＴ業界の歴史はマッチングの歴史と言っても過言ではなく、社会問題に至ってしまった「出会い系サイト」のようなものからＹａｈｏｏ！やＧｏｏｇｌｅといった「検索サイト」まで、人と人、人と情報をマッチングするサービスが爆発的に社会に普及していった時代でした。したがって地域の企業数百社がクラブを支援してくださるに至った際、この数百社に及ぶ企業間のニーズをマッチングするアイデアが必然的に湧いてきました。数百社もの企業が名を連ねていると、およそあらゆる業種がそこには含まれています。であるならば、クラブに関わっている企業間だけでほとんどのニーズや問題を解決可能なのではないか。そう考えたのです。

実際、その発想は正しかったようで、思った以上の成果を藤枝は挙げることになります。一例をご紹介しましょう。藤枝ではクラブオリジナルの公式キャンディを作ったことがあります。こう聞くと、プロスポーツチームによくあるオリジナル商品の類いだと思われるはずです。確かにその側面は否定できませんが、その一方でこのキャンディ、いくつかの成功物語を生み出してもくれたのです。

このクラブ公式キャンディは地産地消商品として開発されました。藤枝市のブルーベリー農家から仕入れたブルーベリーを使用し、藤枝市内の製菓メーカーがブルーベリーキャンディとして製造します。6次産業化の促進を図りたい藤枝市はメーカーに補助金を交付し、開発を後押ししてくれました。そしてキャンディが開発されると地元マスコミも大きく報道してくれました。地元企業と地元クラブのコラボは、地元メディアに関心を持っていただきやすいのです。

それだけでも大成功でしたが、このキャンディはさらに大きな成功体験をクラブにもたらしてくれました。

一般的にこういったマイナーなお菓子は、大手スーパーや大手薬局の陳列スペース確保に苦戦します。陳列棚獲得の競争は苛烈を極めています。シャンプーや歯磨き、製菓などのメーカーは日々そのジャンルの棚の獲得を目指してテレビＣＭを流し、マーケティング戦争に明け暮れているわけですから当然です。

ただ、藤枝の場合はチェーン展開している地元スーパーや薬局がスポンサーや株主としてすでに参画してくださっていました。そういったステークホルダーのみなさまが商品棚を快く空けてくれ、地域のスーパーや薬局で大々的に公式キャンディが並んだのです。最初にいただいた補助金、次はクラブのステークホルダーのご協力、このような一連の好循環が発生したことで製菓メーカーはすぐに投資回収ができました。

この連鎖はさらに続きます。クラブオリジナルのキャンディを知った藤枝の株主企業に建材を取り扱う卸会社がありました。彼らは熱中症対策で常に塩飴を大量に仕入れていたのですが、このキャンディをきっかけに、開発してくださった製菓メーカーを知り、同じ地元のクラブを応援する企業同士ということで、その仕入先を一括で公式キャンディの製菓メーカーに変更したのです。メーカーとしては大成功でしたし、地域の企業間をクラブがハブとなってつなぎ、新しい連帯を生み出すこととなりました。まさに一粒で二度三度美味しいキャンディとなったわけですが、私たちにとっても地域経済に貢献できた事例として印象深いものでした。

藤枝では当時、私と２人の営業スタッフが中心となってこうした取り組みをしていました。しかし、現在、私たちのグループが保有する京都のサッカークラブ「おこしやす京都ＡＣ」ではさらに営業スタッフを増員し、社長である添田と選手兼任社員たちが中心となってこの取り組みに邁進しています。彼らは地域の清掃活動と地域訪問を中心に行っています。

まずは地域社会に溶け込むために挨拶回りからのスタートです。しかし、そうやって人の輪が広がると成果が挙がるのも迅速で、ＷＥＢサイトの制作案件、通販事業者と配送会社のマッチングなど、クラブを応援してくださる企業同士のコラボレーションをすでに数多く達成しています。キャンディにしろ京都でのコラボ事例にしろ、すぐにクラブの収入に結びつくものではありません。しかし、長い目で見れば、こういった活動こそが「おこしやす京都ＡＣ」というクラブが存在する価値に結びつくはずです。そして、それこそがクラブを持続可能にする強固な基盤になるのです。

地域を訪問して回り、そこで関係が生まれた人々や企業が、そのままファン、株主、スポンサーになってくだされば、それはもちろん嬉しいです。しかし、現在はあくまでも私たちが地域を知るためというスタンスを崩さず、このパートナーシップ活動を継続しようと思っています。どんな人たちが生活し、どのような企業が存在しているのか、それを知り、その輪が大きくなっていくと、自然と課題やニーズも見えてきますし、それを解決する技術やノウハウを持った企業を知ることもできます。そこで双方をクラブがマッチングしていくこと。それが地域にクラブがあってよかったと思っていただくための第一歩となる。そう信じて。

結局、そういった形の基盤ができれば、クラブの支援者は自然と増加します。それはプロトタイプである藤枝時代にはっきりと確信できたので、現在京都ではパートナーシップ拡大に特に力を入れているというわけです。

④合宿大会事業

おこしやす京都ACは社長添田の頑張りもあり、当初の想定以上に成長しています。コロナ禍においてもむしろ応援してくださる方々が増加しているのは本当にありがたい限りです。

実は藤枝時代、もう一つ収益事業として手応えを感じていた事業があります。それはクラブの練習場を活用した合宿や大会の運営です。藤枝は当初、練習場がなく様々な土地をさまよう状態でした。しかしそれを解決したのも前項でご紹介したパートナーシップ活動でした。

　藤枝近隣の太平洋沿岸部は東日本大震災の影響で津波の危険がクローズアップされ、買い手のつかなくなった海辺の造成地が数多くありました。その土地の活用方法として私たちはスポンサー企業にある提案を行いました。それはスポンサーが保有する土地をサッカーグラウンドとして整備し、当社のアカデミー事業とコラボレーションする新規事業を行うスキームです。その結果、造成地にサッカーグラウンドを作ることが決まりました。事実上の遊休地をフルタイム活用し収益化可能なサッカーグラウンドへと生まれ変わらせ、自分たちの練習場をも手にすることができたのです。

　グラウンドのフルタイム活用策として着手した事業の一つが大会事業です。既存のサッカー関係者ネットワークを活用して小中高生の大会を小規模ながら行い、大会を運営できる人材とノウハウを開発しました。宿泊に関しては集客に悩む地元の旅館の方々にもご協力いただきました。

　そうやってノウハウと人材開発に勤しんだ結果として、現在はより強固になったサッカー関係者とのネットワークを活かし、大手企業や自治体と合弁で都市近郊にグラウンド3面と宿泊施設を設置し運営するプロジェクトを開始しており、その一部はすでに稼働中です。今後は選手兼任社員たちが従事する業務先の一つにもなってくると思います。

私たちは圏域人口30万人を一つの目安としてサッカークラブ事業、アカデミー事業、合宿大会事業の3セットをパッケージして全国展開に取り組んでいますが、なかでも合宿大会事業はクラブの収益面と選手育成の鍵を握る、重要な事業となっています。

地域社会の在り方の理想

ここまで、私たちのグループの事業に関して予備知識的に概要を述べさせていただきました。章の終わりに、なぜこのような取り組みをしているのか、なぜ地域密着にこだわるのかについて、少し説明させてください。

私たちは前述のように圏域人口30万人を一つの目安に、サッカークラブ、アカデミー、合宿大会がセットとなった事業パッケージを日本全国に広域展開していますが、すでに海外で成功しているアカデミー事業のように、各国の事情に応じたアレンジを加え海外展開もしたいと考えています。

ただし、サッカークラブ運営事業においては国内で運営するすべてのクラブがＪリーグ昇格を目指す必要があるとは考えていません。まずルールとしてＪリーグには株主の規定が存在します。クラブ経営に関与できる株式保有者が、他クラブの株式を大量保有することは禁じられています。ですから広域展開しても、私たちのグループで保有するクラブがＪリーグ昇格が可能なほど力をつけた場合、ＪＦＬというＪ４相当のアマチュアリーグに留まるか、Ｊ３に上がる際には株式の大半を手放して地元企業が保有する形態に移行する必要があります。

ですが、いずれの場合でも地域に溶け込んだ社員たちが事業を行いながらプレーし、事業規模の拡大を図りながら引退後もクラブの運営に携わることで、クラブは地域の支えと共に存続できるはずです。強固な基盤さえ構築すれば昇格の有無とは無関係に持続的なクラブ運営が可能であることは、プロトタイプとなる藤枝と京都ですでに実証できつつあります。

とはいえ、なぜそこまで単独保有が難しいプロサッカークラブを数多く展開していきたいのか。事業としての戦略も当然ありますが、最終的には私が理想だと思う地域社会の在り方に行き着きます。

私は高校時代、サッカーの全国的名門とされる藤枝東高でプレーしていました。高校１年生だった１９９２年には高校三冠の一つ高円宮杯全日本ユース（Ｕ－18）サッカー選手権大会で優勝し、決勝で2得点を決めることもできました。優勝時のチームメートには浦和レッズで長年プレーし、サポーターから愛された一つ上の先輩山田《やまだ》暢久《のぶひさ》選手がいます。日本有数のサッカーどころだった静岡では高校サッカーチームが一つの地域アイコンであり、シンボルと呼ぶべき存在でした。そして、その時代の経験は、私に地域の象徴となるスポーツクラブが存在することの意味を強烈に植え付けたような気がします。

私たちが全国制覇した１９９２年といえばＪリーグ最初の公式大会であるヤマザキナビスコカップ（現ＹＢＣルヴァンカップ）が開催された年です。確かに初年度からいきなり決勝に進み、超満員の国立競技場で絶頂期のヴェルディ川崎（当時）と戦った静岡県のクラブ清水エスパルスの盛り上がりは本当にすごかったです（ジュビロ磐田はまだＪリーグに加盟していません）。ただ、人気が爆発しすぎて翌年以降はチケットが入手困難になったＪリーグよりも、私たち高校サッカーの選手のほうが地域との距離感は近かったような記憶があります。

静岡は東西に長い土地ですが私の地元の藤枝駅と清水駅は鉄道で約30分程度の距離にあり、そのほぼ中間地点に位置する静岡駅近隣も含め、周辺エリアには強豪校がひしめき合っていました。静岡には静岡学園、藤枝には藤枝東、清水には清水商業（当時）と清水東。それぞれの程よい距離感はライバル心を高め、地域間の対抗意識を刺激し、お互いが切磋琢磨する環境ができていたように思います。（静岡ローカルの）有名なエピソードとして、藤枝出身で日本代表でも活躍した私より4歳年上の名《な》波《なみ》浩《ひろし》選手が清水商業に進学を決めた際には、なぜ藤枝生まれの名選手をライバルである清水に渡してしまうのだと街で一騒動起きたという逸話も残っています。

　そんな土地で生まれ育ったものですから、全国大会に出場し国立競技場で優勝を決め地元に帰ってくると、私たちは街のローカルヒーローでした。喫茶店に行くと「お前たちが来たなら、今から貸し切りだ」と店主の方が宣言し、好きなメニューを好きなだけ食べさせてくれますし、自転車で通学中に車のクラクションが鳴るので、そちらを振り向けば、見知らぬおじさんが笑顔でこちらにガッツポーズをしてくれる。私たちはどこへ行っても、しばらく帰ってなかった息子が実家に戻ってきたかのように温かいもてなしを受けたのです。しかもまったく他人の大人たちから――。

　地元っていいなと思うと同時にサッカーというスポーツの力、街全体がそれを応援する時に生まれる異様なまでの熱量、その熱を当事者として背負う責任、そんなことを強く意識するようになりました。このように街全体がサッカーを基軸に巻き起こすグルーヴ。それを若い高校生のうちに体感していたことは今の事業に強く影響を与えています。こういった地域のアイコンでありシンボルが存在することの価値、それを日本全国に届けたい。その思いが、人によっては荒唐《こうとう》無《む》稽《けい》に思われるであろうサッカークラブの広域展開構想につながっています。

もちろん、この構想を実現するためには持続可能な自立したクラブであり、自活できる選手が必要となります。そのために行っているのがここでご紹介した事業というわけです。

ところで、経済という言葉は元々は、英語の「economy」よりも意味として広く、「經世《けいせい》濟民《さいみん》」という中国の古典にある言葉が由来であり、その意味は「世を經《おさ》め民を濟《すく》ふ」だと聞いたことがあります。藤枝で始めた「サッカー経済都市」構想はどちらかといえば、後者の意味が強く含まれたものでした。もちろん小さなサッカークラブに単独で〝民を済《すく》う〟ほどの力はありません。しかし、地域において有力なハブにはなれる。地域の人々の薄れかけた連帯を取り戻す装置にはなれます。サッカークラブが紐帯《ちゅうたい》となって地域に笑顔と豊かさをもたらすことは不可能でない。それは、サッカーの底知れぬ熱量を高校時代に体感した私が、サッカークラブを実際に経営して確信したことです。

　とはいえ言うは易し行うは難し。現実の日々はすべてが上手くいくわけではありません。そんな山あり谷ありのスポーツビジネスの理想と現実は、この後の先生方との対談でもお話しさせていただきました。スポーツビジネスにご関心のある方や、地域経済にご関心のある方、みなさまが日々を過ごす各地域の在り方に、少しでもご活用していただければ幸いです。

　序章としては少し長くなってしまいましたが、これにて終了させていただきます。お付き合いくださりありがとうございました。

　ここからは日本有数の経営学者の方々が披露する、ユニークで鋭いスポーツビジネスへの論考をお楽しみくださいませ。

第1章

日本型組織とサッカー　（入山章栄×小山淳）

入山章栄氏プロフィール

早稲田大学大学院経営管理研究科（ビジネススクール）教授

慶應義塾大学、同大学大学院修士課程修了。三菱総合研究所で自動車メーカーや国内外政府機関への調査・コンサルティング業務に従事した後、米ピッツバーグ大学経営大学院博士課程に進学。２００８年に同大学院より博士号（Ph.D.）を取得。米ニューヨーク州立大学バッファロー校ビジネススクール助教授を経て、２０１３年より現職。専門は経営戦略論、国際経営論。主な著書に『世界の経営学者はいま何を考えているのか』（英治出版）、『世界標準の経営理論』（ダイヤモンド社）等がある。

サッカー型組織が未来を作る!?

小山　経営学というと、戦略や仕組みといった組織の制度設計を分析していく学問のような印象を持っています。その一方で入山先生は組織文化に着目したベストセラー書籍『ティール組織』（英治出版）を取り上げたり、ペップ・グアルディオラ監督時代のFCバルセロナを引きながら自律分散型と言える、個々が自己組織化し、タテだけでなくヨコにも張り巡らされた網目のような関係を構築する組織の強さについて論じた記事なども執筆されていますよね？　こうした組織文化に着目されるのはどういう理由からでしょうか？　サッカー界でも近年はクラブの文化や哲学から生み出される自己組織化された個で成立する組織といったものが非常に注目されていますので、いつも大変興味深く勉強させていただいています。

入山　私は10年アメリカにいたので、アメリカとかヨーロッパといった世界の経営学で中心になっている考え方を学び、研究しています。ですから日本で主流の経営学の考え方はあまり知らないのですが、世界の経営学においては組織文化を重視した考え方は当たり前に存在しています。世界でコンセンサスになっている考え方を私がまとめたのが、『世界標準の経営理論』（ダイヤモンド社）という本です。そちらでも述べたように、海外では組織に着目して研究するのは一般的です。

小山　なるほど。

入山　今、小山さんがおっしゃったような自律分散を重視した組織論といったものもそうしたなかに含まれます。古くからの一般的な考え方として、企業には境界線が存在するという考えがあります。会社のウチとソト、そこには明確な線引が存在するんだという考え方ですね。専門的な言葉になりますが、経営学のなかでも取引費用理論などはそのような考え方に立脚した理論です。企業というのは市場のメカニズムが働きにくい部分を内製化したものであると。そして、そんなウチとソトが明確に分かれていた時代が、日本でも世界でも20世紀の間は続いていたと思います。

小山　はい。そうだと思いますね。

入山　しかし、みなさんもご存じの通り、現代においては会社を転職することや、パラレルキャリアで複数の職を掛け持ちする人も当たり前の時代になってきました。日本はまだこれからの部分も多いですが、シリコンバレーなどでは何社も何社も転職するのが当然という雰囲気があります。また、私自身肩書としては早稲田大学教授となっていますが、メディアの仕事もすれば、企業の方のご相談に乗ったりすることも多い。最近はラジオ番組も持っているし、ＹｏｕＴｕｂｅｒ番組の司会もやっています。したがって収入の内訳は多岐にわたっています。早稲田大学の教授としての収入というのは複数存在する収入の一つにすぎないんですね。つまり現代社会では「特定の組織内で働くこと」の境界線がすごくぼやけてくるんです。日本では終身雇用制が長い間存在していたので、まだ境界線がたくさん残っていますが、これもだんだん変わっていくはずです。

小山　変わらざるを得ないでしょうね。

入山　はい。実際、企業の境界線は明らかにぼやけてきていると思います。そしてこの傾向が進むと、「企業」というものの捉え方も変わります。ウチとソトがはっきりしなくなると、人と人のつながりが、より重要性を増していく。企業と企業でつながっていたものが、人と人でつながるものへと変容していくわけです。経営学的な理論でいえばソーシャルネットワーク理論がこういった状況を分析した理論になります。この理論では、人のつながりが組織のパフォーマンスに与える影響はとても大きいとされています。

小山　面白いですね。横に広がるネットワークが企業のパフォーマンスを決定付けていくんですね。

入山　はい。資本主義や株式会社の仕組みは常に効率性を求めていくという特徴があります。ですから、企業はまず効率性を考えて、会社の境界線を決めていた。つまり内製、外製どちらが効率がよいかを考えて、組織の形態が決まってきたわけです。

おそらくこの考え方というのは資本主義や株式会社が生まれてから、長くあった考え方で、大部分の日本企業もこういったスタンスで組織の形態を決めてきたと思います。ただし私は、イノベーションを起こそうとなると、少し話が変わってくるんじゃないかと思ってるんです。

小山　効率性だけを求めるのが、逆に合理的ではない場合も出てくる。それゆえに組織形態に着目せざるを得ないということでしょうか。

入山　はい。現代のイノベーティブな組織は、組織の中心にカリスマ性を持ったリーダーがいて、その人の理念やビジョンに共感して人が集まり、それが駆動力にもなっている。それが私の現状理解です。成功した経営者の方でもソフトバンクの孫正義《そんまさよし》さんや、日本電産の永《なが》守重信《もりしげのぶ》さんなどは典型的な強いリーダーです。世界を見ればイーロン・マスクさんなどもそうですよね。効率性よりも先に、ビジョンがあってそれに共感するから優秀な人が集まってくる。例えばイーロン・マスクさんには「世界の人類を救う」という強烈なビジョンがあります。「将来人類は火星に住むしかなくなるかもしれない」とか言ってるわけです（笑）。でも、それに共感するから人が集まってくるのです。中心にカリスマリーダーとビジョンがあって、その周りに人が集まる。すなわちカリスマリーダーを中心にしたネットワーク型の組織ですね。今、世界中でイノベーションを起こしているのはそういった組織です。

小山　おっしゃる通りだと思います。ただし、それは自律分散型組織とは少し違ってやはり中心にいるリーダーの強烈な個性が前提となりますよね。

入山　重要な視点です。実は、私はこのネットワーク型の形態も、時代を経て変わったものが出てくると考えています。それは周囲を取り囲む人が移動するからです。先ほど述べたようにこれからの企業では、転職したり複数の職域にまたがって働く人が増えていくはずです。すると周囲で移動が起こるので、色々な人が多様につながるようになる。結果、何が中心かは曖昧になる。その場合、中心になるのは人ではなく価値観や理念ではないでしょうか。そうして価値観だけが残り、それをベースとした中心のないネットワークが形成され、そのネットワークのなかでそれぞれが緩くつながっていく。それが結果的に組織となっていく。そんなイメージを持っています。冒頭に小山さんがおっしゃられたティール組織もそういったものだと考えています。

小山　サッカーは、すごくそういった考えに近いスポーツのような気がします。プレーの連続性が高いので、その場で選手たちが判断する要素がとても多く、またその判断の質がとても重要だからです。

入山　そうだと思います。私の理解でも、サッカーというのはすごくそういう特性を持ったスポーツです。逆に中心があって真ん中に指示を出す人がいるスポーツといえば、真っ先に野球を思い浮かべますね。私は学生時代野球をやっていましたから、野球も大好きなので、どっちが良い悪いではないです。ただ野球というのは攻撃の作戦は1球ごとに監督がサインを出しますし、投手の配球は同様にキャッチャーがサインを出して決めていますよね。ですから、どちらかといえば監督やキャッチャーといった中心があって、その中心が判断を下していく組織に近いと考えています。監督やキャッチャーを中心にそこから放射線状に広がるネットワークです。

しかし、今後の企業の組織形態は誰が中心かは曖昧で、重要なのは価値観や理念だと考える組織がもっと出てくるのではないでしょうか。そうなるとサッカー的な考え方がすごく重要になるはずです。選手たちは一人ひとり能動的、自律分散的に動いている。しかし結果的にはチーム全体のことを考え、その理念に沿ってプレーできている。これが理想ですし、それを具現化したチームの一つが、グアルディオラ時代のＦＣバルセロナではないか。そう考えています。

日本は「内輪」の協調性

小山　いや、大変興味深く鮮やかな論考で、講義を受けているようです！　聞き入ってしまいました（笑）。

社会が変動し人の働き方も変容を余儀なくされる。そんななかで、組織の在り方も変化していく。その一方で、〝ウチ〟の会社、今あえてウチという言葉を使ってみましたが、ぼくの経営する会社を考えてみても、まだまだウチとソトを区分してトップダウンで進んでいく事案というのが少なくありません。そこでお聞きしたいのが、実際にこのような自律分散型の形態で日本でも成功している会社というのは存在しているのかということです。というのも「ウチ」や「トップダウン」「上意下達」などはいわゆるイエ制度や家父長制度といったものにも通じる概念で、近代はそうした制度の弊害が見えてきて日本でもだいぶ影響力を失ったと思いますが、まだまだ根強く社会に組み込まれている。したがって我々日本人にとっては、グアルディオラが率いていた時のＦＣバルセロナのように個々が自律、あるいは自立して横に広がっていく強い組織をイメージしにくいようにも思えるのです。

入山　それはすごく大切な指摘ですね。私は前掲の『ティール組織』の出版イベントなどにも関わったのですが、その際に古くからの友人である佐《さ》宗《そう》邦《くに》威《たけ》さんが一緒に出演しました。彼は戦略デザインファーム「ＢＩＯＴＯＰＥ」の経営者ですが、一読して「これは理想形であって、日本にこういう会社はまだないだろう」と思ったそうです。同書には海外の事例なら紹介されているんですけれどね。そこで彼は自分の会社で実際に試してみたらしいんですよ。同書が指摘することを自分の会社で実践してみたわけです。そうしたら、完璧には上手くいかなかったと。やはり難しいんですよね。佐宗さんというカリスマなリーダーがいると、どうしてもそこが中心の放射線状組織にならざるを得ないのかもしれません。

　ティール組織のような自律分散型の組織と非常に近い考え方として、経営学ではシェアードリーダーシップという考え方があります。複数のリーダーがいて、時には全員がリーダーとなって、それぞれが自律的に行動する組織の在りようを指します。一方、従来の垂直統合型のリーダーシップで成り立っている組織はバーティカル（垂直）リーダーシップなんて呼んだりします。リーダーが一人いて、そこにフォロワーがついてくる形態ですね。そこで大切なのは「リーダーとは何か」ということなんですが、リーダーの定義は「他人に影響を与えられる人」なんですよ。人を動かすことができるのがリーダーです。
　そうなってくると、日本の組織はこれまで上意下達で来ているので、自律的行動のためにはマインドセットから変えるしかない。やっぱり社長とか上司を重んじる文化があってそれに沿って行動する意識が強いので、なかなか簡単ではないんです。

小山　前提条件の違いはやはり大きいですよね。

入山　そうです。そんななかであえて例を出すと外資系コンサルティングファームの最大手マッキンゼー・ジャパンなどは比較的、そういったリーダーシップを各人が備えた組織だった可能性があると考えています。少なくとも以前はそうだった。
　コンサルティングファームというものは基本的にパートナー制をとっていますから、いわゆる会社役員といった存在がいません。そんな組織において、何を基準に人を採用するかといったことを、採用担当だった伊《い》賀《が》泰《やす》代《よ》さんがまとめた『採用基準』（ダイヤモンド社）というベストセラーがあります。そこで語られている基準が、リーダーシップなんですよ。私はマッキンゼーのことを詳しく知っているわけではないんですけれども、その本を読む限り、おそらく先程申し上げたシェアードリーダーシップに近い状況が生まれる土壌はあったのではないかと思います。

もう一つ具体例を挙げれば、『ティール組織』の日本語版を出版した英治出版ですね。私は最初の著作を英治出版から出したので、あの会社のことをよく知っているんですが、英治出版はメチャクチャ〝ティール〟なんですよ（笑）。

オフィスが恵比寿にあるんですが、ドアを開けるといきなり社員が碁を打っていたりします（笑）。そこからして飛んでる会社ですよね。しかしそれだけじゃないんです。代表取締役の原田《はらだ》英治《えいじ》さんは生活の拠点を島根県の隠岐島《おきのしま》に移して活動されています。リーダーが本社に不在なんですよ。それでも組織が回るどころか、むしろ業績が伸びている。出社しなくても業績が上がったので社長の原田さんは少し傷ついたようですが（笑）。

小山　経営者として、それは複雑ですよね（笑）。それから、今、お話を聞いていて思ったのですがマッキンゼーの事例のなかで、リーダーシップというお話がありましたよね。少し関連する話として、真のチームワークとは何か？　と考えた時に、我々日本人は個々がリーダーシップを持とうという意識が希薄なため、結果的にチームワークもあまり構築できていない印象を持っています。サッカーを例に出すと、試合前、監督に言われたことを粛々《しゅくしゅく》とやるのは、どんな選手でもある程度できる。ただ、困ってる味方を助けるための動きだったり、相手と味方を同時に動かして自分たちが有利な状況を作るといった、成果に直結するような判断力やその意思、これが意外と日本人選手に足りない要素のような気がしているんです。むろん日本代表のようなトップレベルの選手はそうした資質も備わっていると思うのですが、ぼくが経営してきたＪ３や社会人のサッカークラブの選手を見ていると、意外なほどその意識が希薄で、単に仲よく喧嘩しなかったら、もうオレたちにはチームワークがあるんだと考えているようなフシもあります。こういった組織におけるチームワークに関して先生はどうお考えでしょうか？

入山　すごく大事なご指摘です。まず、日本で考えられているチームワークはそもそもチームワークではないと思います。上から降りてきたタスクをトラブルなくこなすだけで、言うならば「超野球的チームワーク」と呼べるかもしれません。世界的な社会心理学者である山《やま》岸《ぎし》俊《とし》男《お》先生は、その著作で我々日本人には、そもそも協調性があまりないという趣旨のことを頻繁に書かれています。日本人の場合、内輪の関係性を強くすることはやるのですが、それが外に開かれていないんですよ。

小山　すごくわかりますね。例えばサッカーチームでも、閉ざされた協調性という問題は頻繁に起こります。ぼくが世代別の日本代表でプレーしていた時代だと、まずは読売サッカークラブ（現東京ヴェルディ）の育成組織で育った読売一派の選手たちがいる。他方で、静岡のなかでも極めてサッカーの盛んな地域である清水の清水商業高などから来ている選手たちを中心とした勢力がいて、その二大勢力を中心に、ある種の派閥のようなものが形成されていました。ぼくは藤枝東高という静岡でも清水とは違う地域の高校から選ばれていたので孤立してしまい、代表合宿に行くのがとても嫌だったのをよく覚えています。同じく孤立していた山梨の韮崎《にらさき》高校から来ていた中田英寿選手は、まったく気にした素振りも見せず、堂々とプレーしていてさすがでしたが（苦笑）。

入山　はい、そうなんですよ。日本人の協調性って実は内輪だけの協調性だったりするんです。我々はこれをイングループバイアスと呼んでいます。グループ内の結束は異様に高いんですが、グループ外の人に対しては協調しない、ということが起こってしまうんですね。そして日本人は世界で最もイングループバイアスが高い国民の一つと言われているんです。これはつまり、与えられた設定のなかでは力を発揮できるんですが、変化の激しい状況を乗り越えるために外に開いてチームを組むことが得意でないというふうに解釈できるはずです。私はこの部分は変えていく必要があると思います。野球は国際的にも強いけれども、サッカーはプロ化から30年近く経ってようやくここまで来たという歴史も、これと少し関係している気がしています。

小山　大いに関係していると思います。サッカーの世界でも今日では、先生が先ほどＦＣバルセロナを自律分散型の組織になぞらえたように、自律した個をいかに育成するかが大きなテーマになっています。サッカーの監督はピッチ横から指示を出しますが、１０５×68メートルというグラウンド全体を使って22人がそれぞれ有機的に動くスポーツですから、味方の11人すべてをコントロールすることはできない。結果的に、選手が状況を予測、認知して、自分で次のプレーを判断しなくてはいけないわけです。そんな時に、「アイツはどこの高校から来た選手だから」なんて言ってたら話になりません。逆にそんなことを一切気にしない中田英寿選手が同世代の選手としては異例の世界進出を果たしたのもよくわかります。もちろん今の若い世代にはもう我々の頃のような馬鹿げたイングループバイアスなどないでしょう。それがこの30年間の大きな蓄積だったのだろうと思います。

入山　大変面白いですね。一つ付け加えると、今、私は日本人という、大きなくくりでお話をしてしまいましたが、これが本当に日本人が昔から、例えば１０００年前から持っていた資質なのかといえば、それはよくわからないと思っています。というのも、この資質が発揮されたのは、特に戦後の高度成長の時なんですね。戦後の日本の基軸産業といえば製造業です。じゃあ製造業で欠品を減らして品質管理を突き詰めていくとなった時、イングループバイアスがマイナスかといえば、そんなにマイナスじゃないんですよ。同じような人が毎日同じ時間に集まって歩留まりを上げていく過程、そこでは上の人からの指示を黙々とこなしてくれる人こそ貴重です。つまり現場でのオペレーションこそが重要なんです。

　戦後の日本では製造業が数々のイノベーティブな業績を上げています。ただし、欧米にすでにあるものに対して品質やコストを劇的に改善して新しい価値を生み出したケースが多いんですね。よい製品を大量に作る過程ではイングループバイアスがあまり障害にはなりません。むしろプラスだったかもしれない。だから当時の日本にハマった。それゆえに、同時代の人たちの素養として広がった可能性もあるのではないかと。つまり社会の置かれた状況設定ゆえ、ということです。しかし現代社会はどうか？　イノベーションの重要性は誰もが理解していますし、現実的に製造業一本では国際競争力を保つのが難しい時代です。そうすると、このモデルから脱却する必要がある。色々な人たちとつながって、個々の創造性を発揮しながらイノベーションを起こさなくてはならない。それは野球型からサッカー型へ変わる必要がある、と言えるかもしれません。

大企業で決定的に足りない「意思決定」

小山　大変興味深いお話ばかりなんですが、先生は以前お会いした際に、ぼくの経営するスポーツXのような会社に大企業が社員を出向させて、スポーツビジネスを経験させる仕組みがあると面白いのではないかとおっしゃっていましたよね。それも今お話しされていた社会状況の変化と、そこで求められる人的素養と深く関係しているような気がしました。スポーツビジネスやベンチャー企業の日常に触れることで、イノベーションの芽が育つ可能性があるということでしょうか。

入山　はっきり言うと、私は日本の大企業がイノベーションを起こすのは難しいと思ってるんですよ（笑）。ですからスポーツXに大企業の社員受け入れなども、ぜひやってほしいなと思ったんです。イノベーションは大企業ではなくスポーツXが起こせばいいんじゃないかなと思いまして（笑）。大企業にはご存じの通りリソースがたくさんありますし。

小山　そんなふうにおっしゃっていただくと、絶対にイノベーションを起こさないといけないと気持ちが引き締まります。責任重大です（笑）。今回、人材に関しては、ぜひお聞きしたいと思っていたのですが、我々の会社はスポーツビジネスのなかでもサッカークラブやスタジアム・グラウンド周りの運営を事業の中心に据えたかなり特殊な会社なので、史上２人目の東大卒Ｊリーガーである添田隆司を筆頭に面白い人材が比較的集まっている会社だと思います。旧帝国大学などの一流大学出身者が活躍する一方で、ぼくも怪我のショックで早稲田大学を中退してしまった人間ですし、他にもＪリーグで何十得点も挙げたけれど、ならず者だったストライカーが更生して、今では幹部として活躍してもいる一風変わった会社です。

その対極にあるはずの大企業だって優秀な方が集まってくる仕組みはあると思うのですが、ベンチャーと大企業では、人が育つ過程で何か違いがあるのでしょうか。

入山　私は仕事がら大企業の人事の方とはたくさんお付き合いがあります。日本の経営学者では一番、大手企業の人事の方とつながっているかもしれません。その経験からいうと、大企業で人事を担当する方の悩みとして真っ先に挙がるのは経営者候補がいないことなのです。なぜ経営者候補がいないかというと答えは簡単です。経営者である小山さんの前でそれを言うのも僭越《せんえつ》ですが、経営者の仕事って意思決定することにつきるんですよね。

小山　ええ、おっしゃる通りです。

入山　わからないけれど、自分自身で決める。決めたらもうあとは腹をくって、みんなでやり抜くしかない。経営に正解なんてありませんから。ですが、大企業にいると、この「腹をくって決める」という仕事をやる機会がないんですよ。仕事は上役が決めて、上から決まったことが降りてくるシステムなので。日本の大企業で働く20代30代の社員は意思決定をしません。意思決定しないまま50代になって、役員とかになってからようやく意思決定をする。でも、それでは意思決定できる人材は育たないんですよ。意思決定できる人材がどうやって生まれるかといったら、それはもう意思決定を何度も経験するしかないんです。決断し続けるしかない。学者が偉そうに何を言っても、座学じゃないんで無意味。意思決定は場数なんです。ビジネススクールに行けば色々な知識は学べます。でも一番大切な意思決定の能力は、意思決定の数をこなさないと学べない。

小山　確かにベンチャーを経営していると毎日が決断の連続です。

入山　ベンチャー企業というのは、本当にヒリヒリするような決断を、１日に２、３回ぐらいしていかないと会社が回らないわけです。

小山　本当はそんなにヒリヒリばかり経験したくないんですが、まさに実態はその通りです（苦笑）。コロナのような、まったく想定外のことも起こりますし。

入山　そうですよね。そんな日常のなかで意思決定を、１日３回やっていると1年で約１０００回の意思決定をすることになります。それを５年間続けたら５０００回ですよ。大企業でずっと意思決定ゼロでやってきた人間とは当然大きな差がつきます。だから大企業には経営者人材がいないんです。そりゃ50歳になって急に決めてくれ、と言われても決められないですよね。私は大企業の30代もベンチャー経営をやっている30代も多く知っていますが、もう圧倒的な差がついています。

小山　決断の連続といえば、サッカーもまさしくそういうスポーツだと思います。先生がご自身は野球をやられていながらも、サッカーに関心を持つようになったきっかけには、そういった常に個々が決断していくスポーツであることも関係していますか。

入山　そんなに高尚なお話ではないです（笑）。単純にサッカーって見ていて面白いなって思ったのがきっかけです。でも、どうして好きになったんだろう。改めて考えると、確かにそういう個々の決断が連続する部分に惹かれた、というのもあったのかもしれませんね。サッカーってすごくシンプルなルールで、でもとても奥が深い。今でもＤＡＺＮで毎日欧州リーグのサッカーなんかを見ていますけど、やっぱり単純に面白いなと。最近ではマンチェスター・ユナイテッドの試合ばかり見ています。

小山　マンチェスター・シティじゃなくてユナイテッドのほうですか！　相当のこだわりを感じますね！

入山　シティは当然のように面白いからもちろん見ていますすよ。カンセロすげーって（笑）。だけどユナイテッドの監督のスールシャールがダメダメだったのが、最近は少し成長してるなと感じてまして、ここにクリスティアーノ・ロナウドが入ったらどうなるんだろう？　と想像力を刺激されています（注：スールシャール監督はこの対談の後に解任）。

小山　ルール自体はシンプルだからこそ、見ている者の想像力を刺激する部分は確かに大きな魅力だと思います。

入山　そうなんです。シンプルだからこそ、差異が明確なんですよね。サイドチェンジのパスのすごさは誰が見てもわかるじゃないですか。だからテレビで見るスポーツとしても優秀だと思います。私はプレーは一度もしたことないんですが、小学校4年ぐらいから、ずーっとサッカーを見続けています。

小山　ということは『三菱ダイヤモンド・サッカー』世代ですね！

入山　まさにそうです！　岡《おか》野《の》俊一郎《しゅんいちろう》さんが解説をされていた時代の視聴者です。リネカーがまだエバートンにいましたから。

株主資本主義だけでは実現できないこと

小山　『三菱ダイヤモンド・サッカー』は映像コンテンツとしてのサッカーを日本人に教育してくれた側面がありました。お聞きしながら考えていたのですが、サッカーというスポーツをコンテンツとして捉えた際には重要な視点が二つあると思います。一つは映像コンテンツとしての価値で、もう一つは我々のようなクラブ事業をやっている者にとって避けて通れない問題となっているスタジアム、つまり体験としての価値です。日本のスタジアムは自治体保有のものも多く、そうなると多目的に使えるようにとトラック付きの競技場になってしまうケースも存在し、あまりお客さんに快適な観戦環境を提供しようという発想には至っていません。この状況を変えていこうと、スポーツXでは超低コストのサッカースタジアム建築を研究したりもしていますが、日本のスタジアムに関して先生はどんな印象をお持ちですか。

入山　やはり歴史の違いが大きいと思います。Jリーグが創設されるまで日本にはクラブチームがほとんどありませんでした。プロ野球のように親会社が主導するプロスポーツはありましたが、そのせいでプロ野球は球界再編など大変な局面を迎えたこともあります。やはり文化が形成されるまでには時間が必要なんだと思うんですよね。むしろ30年でよくここまで来たなという印象もあります。私は（ガンバ大阪のスポンサーである）ロート製薬の社外取締役をやっていますが、ガンバの吹田《すいた》のスタジアムなどを見ると、あんな素晴らしいスタジアムができてよかったなあと個人的には思っています。一方で、あのような派手なスタジアム、ビッグクラブが注目されるのも大事ですが、これからの時代はもっとローカルなクラブが地域社会の鍵になってくると考えています。

小山　まさしくそうです。我々の戦略も小さなクラブが日本中に増えることが、地域社会によい影響を与えるはずだという理念のもと行っています。

入山　スタジアムの収容規模も1万人程度でいいから、地域のシンボルであり核となるようなコミュニティの場としてサッカークラブやスタジアムが存在するといいなと考えています。

小山　サッカークラブが存在することが、地域コミュニティの核となる可能性は大いにあると考えています。実際、京都で我々が運営しているおこしやす京都ＡＣというチームでは、選手たちが地域活動の一環として街のゴミ拾いをやっています。すると、それを見た学生さんが手伝いますといって一緒にゴミ拾いをやってくれるようになった。そうやって周囲を巻き込んで社会活動をしていると、京都にはまち美化事務所という行政の運営する事務所があって、ゴミ収集や環境に対する啓蒙活動をしているんですが、今度はそのまち美化事務所がゴミ袋を提供してくださったり、収拾したゴミの回収に来てくれるようになりました。地域社会とサッカークラブが影響を与えあって社会に小さな善意のサイクルのようなものが生まれる。そういう手応えがあります。こういう地域に密着したスモールクラブを着実に育んでいくにあたって、何か参考になる組織運営のモデルというものはありますか？

入山　小山さんの参考になるかわからないですけれど、最近、興味がある組織の作り方がありまして、それは協同組合です。コープってありますよね、いわゆる〝生協〟、生活協同組合です。コープは組合員が出資者ですから株主はいないのです。バランスシートの右下に資本の項目はあります。しかし出資者は組合員ですからイコール顧客なんです。つまり出資者であり顧客でもある地域社会の幸福を追求するのが一番重要なんです。

小山　なるほど、確かに言われてみればその通りで、出資者イコール顧客の関係は大変面白いですね。

入山　ただ、これまで、ところによって生協って杜撰《ずさん》な運営がなされていることもあったようで負債が積み重なっているケースもあります。

小山　確かに株主の厳しい監査の目がないため、地域社会に逆に甘えてしまう生協も存在するだろうことは想像できます。

入山　そうなんです。ただ、私も理事として関わっているんですが、北海道の「コープさっぽろ」はおそらく日本最強のコープの一つでして、非常に成功しています。協同組合なので社長ではなく肩書は理事長ですが、コープさっぽろの大《おお》見《み》英明《ひであき》さんはおそらく日本でも五本の指に入る経営者なんですよ。天才的です。しかし、驚くのはそこではありません。理事ですから理事会に出席し出店計画などの議案を聞きます。売上のシミュレーションなどが当然提出されるんですが、10年後ぐらいから売上が減る予測になっていたりするんですよ！

小山　通常の株式会社では考えられません！

入山　あり得ないでしょう？　すごくないですか？　私はそれまで売上が減るシミュレーションは見たことがありませんでした（笑）。通常、新しい店舗は5年後ぐらいからギュっと売上が上がるからペイするわけで。なのに下がる予想なんです。ええ⁉　ってなりますよね。ですから最初はもう「私はたくさんの会社の経営をこれまで見てきましたが、このシミュレーションは意味がわかりません！」とそんな感じでした。だって意味不明じゃないですか。でも、大見さんは「入山先生、この地域は限界集落で、この出店計画が地域の人々の生命線なんですよ」とおっしゃるわけです。地域の人々の暮らしを守るために、我々はここに店を出さないといけない。だから、たとえ売上が減ったとしても店を出すんだという発想なんです。

小山　すごいとしか言いようがないですね。

入山　やっぱり株式会社だったら、そう言われても「何だよそれ！」ってなるじゃないですか。でも生協だと、株式会社では通らないような議案が通ってしまうんです。

　ご存じかもしれませんが、北海道っていうのは一番社会問題が顕在化している地域の一つです。日本は社会問題大国ですが、そのなかでも北海道は過疎化、高齢化が急速なペースで進んでいます。ですが、そういった問題に対して解決の手立てを考えていくことが協同組合には可能なんです。出資者がその地域の人々であり顧客でもある以上、そういった議案が通る。もちろん大見さんは優秀なので結局収益も上げてしまうんですけどね。例えば大見さんは昔から宅配に着目していまして、十数年前からロジスティクスのインフラを着々と整備してきたんですよ。それが大きなアドバンテージを生み出しており、今では宅配の売上だけで全売上の3分の1あります。しかも同じ人が同じ曜日に来るので、宅配で問題化する再配達の問題が起こりません。いわゆるラストワンマイル問題がないんです。

地域のシンボルとしてのクラブ

小山　ぼくも以前から、同じようなことを考えていたので、大変勉強になると共に、すごく共感できます。実は我々が京都で運営しているクラブでは、チームの約半分となる十数人の選手が、クラブの社員として働いています。その彼らが何をやっているかというと、先ほどお話しした地域の清掃活動もそうですが、とにかく地元の商店街や零細企業などに挨拶回りをして、地域のことを学ばせていただき、顔を覚えていただくという活動をしているのです。

入山　面白いですね。

小山　なぜ、こういう活動に至ったかという原点は、これから日本中で高齢化が起こり、様々なインフラやそのインフラを前提とした社会活動が老朽化する。その際に地域社会に必要なものは、顔を見知った御用聞きのような存在の若者がいるという安心感じゃないかと思ったからなんです。元気な若者が、いつも挨拶に来てくれて何か困りごとがあったら、解決のためのお手伝いをしてくれる。もしそんな若者がいて、彼らがサッカーをやっているって知ったら、それは絶対地域社会も応援してくれるはずじゃないかと。ぼくが必ずしもすべてのクラブがＪ１優勝にこだわらなくてもいいと思うのはそういった点で、サッカーの質でいえば、なかなか欧州のトップクラブのようなものは提供できないです。川崎フロンターレは２０１０年代後半から２０２０年代初頭にかけて素晴らしいサッカーをしました。コンテンツとしても本当にスペクタルだったと思います。しかし、同時期に欧州のスタジアムで展開されていたサッカーと比べ完全に勝っていたかといえば、そうではない。それでも少しＪリーグに関心がある日本人から見れば、川崎のサッカーは欧州と同等レベルかそれ以上のコンテンツ価値があったはずです。それは毎週スタジアムに行けば知った顔の選手が期待以上のプレーをしてくれるという近接性や、川崎が20年かけて地道に築いてきた地元との関係性ゆえでしょう。遠くの親戚より近くの他人のたとえではありませんが、近さと頻度は単純な技術やレベル差を凌駕すると思うんです。

入山　その通りだと思いますよ。ですからコープさっぽろのように必ずしも株式会社という形態をとらないサッカークラブというのは存在していいと思うんです。考えてみれば、ソシオ（会員）たちが運営費を出して成立しているＦＣバルセロナは、まさに協同組合による運営形態の一つですし。

小山　確かにおっしゃる通りですね。

入山　あの規模は難しくとも、地域の小さな商店街の人たちが少しずつお金を出し合って、そこに少し大口のお金も付く。それで小さなスタジアムを街のシンボルとして作り、子どもたちが集う。そんな世界観は存在し得る。ものすごく大きなクラブにはならないかもしれませんが。

小山　大変示唆に富むお話で、ＦＣバルセロナのスタジアム「カンプ・ノウ」はスペイン語で新しい球技場という意味があるそうです。なぜそう呼ばれるかといえば、以前は別のスタジアムを彼らは使用していたからです。「ラス・コルツ」というスタジアムが元々バルサのホームスタジアムで、そこの収容人数は２万５０００人程度だったと言われています。それが周辺人口の増加に伴って観客が急増し、改修を続けるも、いよいよあふれるファンを収容するために新しいスタジアムが必要となった。それで作られたスタジアムなので新しい球技場「カンプ・ノウ」というわけです。

日本は少子化でこの先数十年は人口が急増してファンも急増などということは起こり得ないでしょう。しかし欧州のサッカークラブのように１００年単位で見たら減少し続けた人口がどこかで下げ止まり、増加に転じるかもしれない。その時、地域社会が生み出したその小さなスタジアムが日本版「カンプ・ノウ」を生み出すきっかけになったとしたら、ものすごく夢があると思います。さすがに先生やぼくは、そのスタジアムやそこでプレーする選手を見ることは叶わないでしょうが（笑）。しかしスポーツにはそういった壮大な夢を現実にする力があると思うんです。そして、その夢を紡いでいくためには持続可能なクラブである必要がある。そう考えたらやっぱり地域と密着した理念が非常に重要ではないかと思います。

入山　その通りだと思います。今私は地域社会のシンボルになるような小さなクラブの可能性について考えてみましたが、当然、今ここのリアリティを動かすビッグクラブも重要だと思っています。しかし、そこでも同様に地域に密着したクラブであることは必要条件ではないでしょうか。なかでも個人的に最も成功している印象を持っているプロスポーツチームが福岡ソフトバンクホークスです。

小山　ぼくはサッカー畑で、今は京都が主な拠点なのでホークスが生み出す熱源からは離れた位置にいます。そんなぼくからすると、ホークスの強さや人気は「孫さんはやはりすごいな」といった程度の印象なのですが、やはり現地の熱狂はすごいですか?

入山　すごいです。もちろん孫さんの影響というのは大きくて、以前、福岡でビジネスパーソン向けの研修をやったんですが、尊敬する経営者を教えてくださいという質問の答えは半分以上が孫さんです（笑）。でもその状況を作るのに貢献したのがソフトバンクホークスなんですよ。他の地域ではそんなに回答が偏ることはあり得ないですから。

では、なぜそんな状況が生まれたかですが、一言でいうと彼らは地域へコミットメントする覚悟を非常にわかりやすい形で示したんです。まず一つが球団歌を変えなかったこと。球団歌は「玄界灘の潮風に」という歌詞から始まる地域性に富んだ歌です。その歌をソフトバンクはホークスを買収した際にそのまま残したんです。変えたのは元の親会社だった「ダイエーホークス」という歌詞の部分を「ソフトバンクホークス」にしただけです。音引きを入れても四文字の「ダイエー」から六文字の「ソフトバンク」に変更したので、歌詞の収まりはすごく悪い（笑）。メロディに合わせると、その部分だけかなり早口になってしまうんです。でも変えないことで、絶対にこの土地から離れないことを示しました。

もう一つは球場です。瀕死の経営状態だったダイエーは自社物件だったドーム球場を外資系投資会社に売却し、高額な使用料を払ってドームを使う契約を結び、手持ちのキャッシュを確保しました。その後ドームは別の会社に転売されますが、ソフトバンクはこのドームを買収し、この土地から絶対に離れない覚悟をこれ以上ない形で示したのです。

小山　福岡で孫さんが圧倒的に尊敬されるのも無理ないですね（笑）。お聞きしていると、福岡ではホークスとそこで暮らしたり働く人たちがシナジーを生み出して都市の価値を高めているような気がします。都市のブランディングにスポーツが寄与しているといいますか。サッカーでも楽天の三《み》木《き》谷《たに》浩《ひろ》史《し》さんがヴィッセル神戸を持っていますし、イニエスタを筆頭に世界的な名選手を獲得して圧倒的な存在感を示していますが、地域性という意味では少し弱いかもしれません。

入山　そこが少し残念なんです。三木谷さんと孫さんの違いなんでしょうが、神戸にチームが存在する意義を、県外の人がヴィッセルから感じる機会は少なそうです。逆にホークスの場合、日本シリーズなどのポストシーズンの時期に訪れると、福岡のタクシーがホークス戦の野球中継を車内で流しています。今、東京のタクシーで野球中継を耳にすることなんてほとんどありません。

小山　確かにタクシーで野球中継は聞かなくなりました。そういったところ一つとっても、いかにホークスが地域に根付いているかよくわかります。

Zoomがエンパワーするリアルの価値

小山　ところで、先ほど、福岡の講演会でアンケートをしたら、多くの方が孫さんを尊敬する経営者に挙げた事例を教えていただきましたが、ぼくはスポーツが結ぶビジネスの縁という形態もあり得るのではないかと思っています。先生は『地域再生の失敗学』（光文社新書）における飯田《いいだ》泰之《やすゆき》先生との対談でも、高校の同級生だった起業家の方の事例などを挙げながら、シリコンバレーのスターバックスに行くと大物起業家やベンチャーキャピタリストがゴロゴロいて、そこで相談したり歓談することから新しいイノベーションが生まれるということをおっしゃっていましたよね。例えばスタジアムにちょっとしたラウンジがあって、そこがシリコンバレーにおけるスタバのような、ビジネスの接点になる可能性は考えられないでしょうか？

入山　あり得ると思いますよ。私はある大手ディベロッパーさんとよく話をしますが、コロナが本格化していった時にも相談を受けました。感染症が起きたことによってこれからは都市が不要になっていくのではないか、という相談だったんです。コロナはワクチンなどによっていずれ収束していくでしょうが、Ｚｏｏｍなどが普及したことによりリモートワークやオンラインミーティングの習慣は確実に残ります。すると今までのように通勤電車に揺られて都市に通う必要があるのかという話になってきます。実際、２０２１年になるとヤフーを傘下に持つＺホールディングスがオフィスを半分近く減らしました。コロナが収束しても、この勤務スタイルを変えないと判断したからです（その後、２０２２年４月から社員の居住地を自由化することを発表）。つまり都市に行く必要がなくなっちゃったんですよ（笑）。都心にオフィスビルを持つ大手ディベロッパーさんにとって、都市に人が通う理由がなくなるのは一番の脅威になり得ます。

小山　なるほど（笑）。確かにこれまでは少子化もあって、コンパクトシティ、都市回帰の流れがむしろ自明だとされていたわけですから、大手の不動産ディベロッパーは方向転換を余儀なくされている会社も多そうですね。

入山　それで、入山先生はどうお考えですかと相談を受けたわけです。私だって当然、正しい答えを持っているわけではありません。ただ一つ確信していることはあって、それは〝五感で考える〟ということです。

小山　確かに、オンラインが重要になればなるほど逆にリアルは相対的に大きな価値を持つ気がします。

入山　そうなんですよ。確かにオンラインコミュニケーションの質も、今後はもっともっとレベルが上がるでしょう。コロナの時代はＺｏｏｍでしたが、そこから数年経てば、また新しい質の高いサービスが生まれる可能性も高いはずです。ただし、いくら質が上がっても、そこで私たちが使うのは視覚と聴覚だけです。味覚や嗅覚、触覚をデジタル情報に乗せる技術を開発しようと考えている人たちはいます。ただその実現は当分先の話で、当面は視覚、聴覚以外を使って人が共感することはデジタルではできないんです。

小山　味覚や嗅覚、触覚を刺激する現象をデジタル上のデータとして発生させるコストの問題も考えると、相当時間がかかるでしょうね。

入山　ですからオンラインで、小山さんとお話しして、お互いに何か食べていたとしても、その味覚は絶対に共感できないんです。違うものを違う場所で食べているわけですから。触覚も同様で握手もできないし、ハグもできない。逆にいえばここがリアルの価値を生み出すポイントになってくると思います。味覚、嗅覚、触覚、それに視覚や聴覚を組み合わせた五感全体を使って体験できるものはオンラインが便利になればなるほど価値が高まるのです。

小山　その通りでしょうね。

入山　ですから東京に関しては、ますます世界最強のグルメシティにしてしまおうと私は言っています。みなさんもそうだと思いますが、人と本当に真面目な話をしたいと思ったら、だいたい一緒に〝メシを食う〟わけですよね（笑）。でも味覚の共感というのはリアルでないと絶対にできない。オンライン飲み会はだから廃《すた》れていくんです。そしてこれはスポーツにも該当すると思います。例えば神宮球場で夏の夜風に吹かれながら飲むビールの価値というのは、ビールを飲みながらＤＡＺＮを見ても絶対に味わえませんよね。スポーツ施設は同じ食べ物、飲み物、さらにエンターテインメントという付加価値を加えてくれる。

小山　スタジアムと食は今ではセットとイメージされている感じもあります。

入山　味覚がアイコンになっていますよね。ですからスポーツ施設というのは大きな可能性を持っています。スポーツ施設ほど強いところはない。そういってもいいでしょう。肩組みながらスタジアムでチャントを歌いスポーツを見る。終わったらスタジアムの付帯施設とかクラブハウスでビールを飲む。そういったカルチャーを地域を巻き込んで作っていくと、スタジアムの価値は飛躍的に高まるはずです。

顧客のペルソナから考える

小山　お話も多岐にわたってきましたが、とりわけ五感でものを考える重要性は勉強になった気がします。ところで、我々も、おっしゃっていただいたようなスポーツ施設やスポーツの持つ潜在可能性はかなり大きいと思っています。それゆえそういったものを全国に展開していけないかと考えているんですね。そう考えた際、候補地の選定方法として一つ、商圏人口のような考え方があると思います。ぼくがＪリーグの藤枝ＭＹＦＣの経営を始めた際に立てた仮説がありまして、それは商圏人口が30万〜40万人の街ならば完全黒字のＪリーグクラブが成立するのではないかというものです。実際に２００９年にほとんどゼロの状態から藤枝を起ち上げ、売上を12億円まで伸ばし、それは達成できました。

入山　素晴らしいじゃないですか。

小山　ただし、Ｊリーグが発表している経営情報開示資料ですと売上は２・５億に満たない数字です。藤枝は社員兼任選手たちが10人以上いましたが、彼らがアカデミー事業のスタッフとして活動したくさんの売上を達成していました。実際、我々が行っていたアカデミー事業は生徒が全国に１万７０００人、ベトナムなど海外にも４０００人以上いますので、アジアでも最大規模のアカデミーですが、そちらの売上は藤枝の売上として認められないという判断がなされたためです。現実としては実際に選手が生徒募集の営業活動から指導までやってくれていましたし、資本関係も完全にクラブの傘下にある形式だったのですが。

それはともかく、藤枝で一定の成功を収めたこの仮説をもとに、我々はこれをプロトタイプとして全国に普及できないかと思っています。商圏人口30万〜40万人につき一つのサッカークラブ。それが地域社会のシンボルになって人と人のコミュニケーションを活性化する。それによって最終的には日本という国にも少し貢献できるのではないか。そう考えているわけですが、これについて先生はどう思われますか？

入山　おっしゃっていることはよくわかります。ただ、今のお話だけだと少し物足りないとも思いました。それは顧客サイドからの視点ですね。アカデミーであれば、そこにはどんなペルソナを持った生徒たちが通うのか？　もちろん商圏人口などのフィルタリングも大事でしょうが、私はユーザーエクスペリエンス（顧客体験）など、どんな人がどういったサービスを求めるのかが一番重要だと思っていますので。例えばアメリカですと富裕層の家庭に生まれた女の子の間でサッカーは超人気スポーツです。今後は日本でもそういったトレンドが起こるかもしれません。

小山　大変勉強になります。確かに経営をしていると、供給サイドの視点に偏る傾向が出てきてしまうものですね。アカデミーに関してはアジア展開を今後も進めていくつもりでしたから、より標準化していこうという意識が強かったかもしれません。

　他方でクラブ全体を見渡した際に、先ほどヴィッセル神戸を例に挙げましたが、地域の魅力や地域との結びつきを、どこまで既存のクラブが活用できているかと考えると、少し疑問を抱いているんです。なぜそういうことが起こるかといえばカテゴリーが上に行けばいくほど、勝つことも運営も大変になってくる。補強費もかさみ持続可能な運営をしていく際には目の前の課題で手一杯、そんな状態になってしまうからだと思います。

　そうなってくるとどうしても、まずは滞《とどこお》りなくクラブを回すことが優先され、なかなか地域社会との関係を突き詰めていこうという発想にはならない。どうしても表層的な関係に終始し、例えば小学校へ行ってサッカーを教えるとか、たまに選手たちが商店街を回るといった活動が精一杯なんだと思うんですね。それだって、やらないよりはマシですが。

　ただ、その程度ではやはり、とても薄い関係に思えます。確かに、Ｊ１の選手が年に一度でも自分たちに会いに来てくれたら、嬉しい人は多いでしょう。でもＪ２、Ｊ３とカテゴリーが下がっていった時に、その効果は漸減していってしまう可能性が高いと思うんです。そこから出てきたのが藤枝をプロトタイプ化し展開するという発想で、これは黒字で運営ができて地域との関係性を強固にする仕組みを標準化すれば、もっと労少なくして全国にサッカークラブが作れるだろうなということです。そもそもＪリーグクラブを複数持つことはできませんから、クラブが成長する過程で我々の会社の関与の度合いは下げざるを得ません。ただ、地域に根ざした別の企業と組んでノウハウをシェアしクラブを起ち上げ軌道に乗せることは可能だなと。先ほど、現在京都で取り組んでいる地域の清掃活動のお話をしましたが、他にも社員兼任選手たちが１シーズンで２０００社の地域企業を訪問してお話をお聞きしたり、ポスターを貼らせていただきに行ったりしています。自らテレアポをして訪問しているんです（笑）。

入山　テレアポ⁉　選手たちがそれをやってるのは、ちょっとすごいですね（笑）。

小山　はい（笑）。「わたくし京都でＪリーグを目指すクラブでプレーしているものですが」と話すと、普通のテレアポよりはお話を聞いてくださる方が多いです。目的もセールスではないので、ちゃんとそれを説明していますしね。企業を訪問してスポンサー支援につながれば、それはもちろんありがたいことですが、そこが狙いではありません。むしろ顔を合わせてお話を聞く、その過程で京都の人や街を知り、クラブの存在を知っていただく、それが最大の目的です。ですから、おじいちゃんとおばあちゃんが2人でやっている、老舗《しにせ》なんだけど、当代で終わってしまいそうな和菓子屋さんなど、とてもサッカークラブの支援などとは無縁の企業やお店にも積極的に訪問しています。そして会ってくださったところには、できれば年に5回訪問することを目標にしています。

入山　すごいなそれは。

地域活動はもっとできるはず

小山　なぜそんなことをしているかといえば、Jリーグを目指してクラブを強化していくと、その土地をよく知る京都出身の選手たち中心のチームを構成するのはなかなか難しいからです。しかし、その土地で育っていない選手だとしても、人と街を知り、そこで暮らす人に応援されながらプレーしていくうちに、クラブと地域の関係は強固なものになっていく。それが有形無形の財産になってクラブの基盤となる。そう考えているんです。これは藤枝で社長のぼくと営業スタッフ２人でやってきて一定の手応えを得たことを、より手広く選手も巻き込んでやっているイメージの活動です。

　また、こういう地道な地域活動はＪ１になると難しいという意見もよく聞きますが、本当かな？　と思うんですよね。ぼくはお会いしたことはないですが、地域活動に熱心なクラブである川崎フロンターレ一筋でプレーした中村《なかむら》憲剛《けんご》選手は、むしろそういった活動は当たり前なんだという発言を様々な場所でしていらっしゃいますし、ぼくも同感です。

　先ほど五感の価値のお話が先生からありましたが、まさに選手と街の人が五感を使ってコミュニケーションした結果作られた関係があれば、それが一番、持続可能性を上げる強い基盤となるはずです。ですからそんな地域密着のクラブを日本全国に展開する。それが我々の目標です。繰り返しになりますが、Ｊリーグの規定でクラブがＪリーグ加入を果たすと、資本関係だけ見れば我々はクラブへの関与の度合いを下げなくてはいけません。でもこの基盤があれば、そこから先は地元の企業などが運営主体になって、その土地ならではの展開をより進めていけばいいのではないでしょうか。

　例えば、「顧客のペルソナを重視すべき」というアドバイスを今回いただきましたが、北海道にクラブを新たに作ったとしましょう。北海道ならば広大な土地がありますから、その特徴を活かして20面、30面のグラウンドを持てますよね。最近少し温暖化傾向が強いようですが、それでも北海道の夏はアジア地域では飛び抜けて快適な気候です。そこにアジアのリッチサッカークラブのアカデミーをサマーキャンプに誘致し、アカデミーの子どもたちが地域の方々と交流するなんていうのも非常に面白いと思うんです。

我々はアジア圏の大財閥ともお付き合いがありますが、なぜこんなちっぽけな会社に彼らが興味を持つかといえばサッカーの育成教育システムがあるからです。この30年、奇跡とも言える成長を遂げた日本サッカー、その根底にある育成教育システムというブランドには、やはりみんな関心を持つんです。

欧州の中堅サッカークラブをはじめ、世界各国で複数のクラブを保有する、あるアジア財閥のトップは直接ぼくに言いました。「オレは欧州のクラブを買うことはできる。だけどアジアで実績ある育成教育システムは簡単には買えない。だからお前たちに興味がある」と。日本サッカーというブランドがあって、北海道という世界的な観光地としてのブランドもあれば、このようなペルソナを持つ層も顧客になってくるのではないかと思います。

親会社の経営危機が噂されていますが、中国の巨大企業が保有する広州恒大（現広州FC）の練習拠点をぼくは見学したことがあります。そこには50面のグラウンドがあって２５

００人のアカデミー生がプレーしています。北海道というブランドを活かせば彼ら全員をサマーキャンプに呼ぶことだって不可能ではないと思いますし、それは大きな波及効果を生むでしょう。ビジネスとしても人の交流としても。

入山　それはめちゃくちゃ面白い！　小山さんの活動をこれからも注目していきたくなりました。

小山　注目に値する事業を育てていけるよう精進します。面白くて勉強になるお話ばかりで、お土産と宿題を抱えきれないぐらいいただいた気分です（笑）。本当にありがとうございました。

第2章

スポーツビジネスベンチャー論（松田修一×小山淳）

松田修一氏プロフィール

早稲田大学名誉教授

１９７２年早稲田大学大学院商学研究科博士課程単位取得退学。１９７３年監査法人サンワ事務所（現監査法人トーマツ）入社、社員として中堅・ベンチャー企業のコンサルティングに従事。１９８５年商学博士（早稲田大学）、１９８６年早稲田大学アジア太平洋研究センター助教授、１９９１年同センター教授に就任。１９９８年早稲田大学院（ＭＢＡ）教授に就任。２００７年早稲田大学大学院商学研究科（ビジネス専攻）教授に就任。２０１２年早期退職、名誉教授。現在、ウエルインベストメント株式会社取締役会長を含む3社の社外役員、日本ニュービジネス協議会連合会副会長、証券リサーチセンター理事長。元日本ベンチャー学会会長。経済産業省・財務省・文部科学省・総務省などの審議会・委員会委員などを歴任。

ベンチャー企業には特に重要な人材育成サイクル

小山　国内におけるベンチャー企業研究の第一人者である松田先生とは、Ｊ３藤枝を運営していた時代から、かれこれ10年来のお付き合いをさせていただいていますが、今回は改めて我々の事業特性を分析していただき、日本のスポーツビジネスを隆盛させていくためのヒントを一緒にお考えいただけないかと思っています。よろしくお願いいたします。

松田　はい、ではよろしくお願いします。それにしても、小山さんも、もう40代ですか（笑）。

小山　40を過ぎてしまいました。すみません、なかなかご期待に応えきれなくって（苦笑）。では早速ですが、改めてスポーツＸの事業を簡単にご説明しながらお話をお聞きしたいと思います。スポーツＸでは人口30万〜40万人が集積した地域をスポーツ事業における一つの商圏として捉え、そこにグラウンドと宿泊施設を作り、以下の事業をワンパッケージにした事業展開を進めています。

・サッカーを習いたい人のためのアカデミー＆スクール（以下アカデミー）事業
・スポーツをプレーして楽しみたい人のための合宿大会事業
・応援する地元クラブと共に生きる暮らしを提供するクラブ運営事業

以上の三つがパッケージです。アカデミーやクラブ運営は近隣の方たちが主要顧客となりますが、合宿大会事業は車で約3時間以内の周辺地域も商圏に含まれると考えています。そのような条件を満たす土地として、全国にだいたい三十数カ所の地域をリストアップしています。松田先生は、藤枝時代からの流れもある程度ご存じですが、まずはこういう事業の概要を聞いた時に感じる率直な印象をお伺いできないかと思っています。

松田　話を聞いていると、小売業の事業開発や店舗展開戦略に非常によく似ているなという印象を持ちました。今はｅスポーツも盛り上がってきているようだけれど、基本的にスポーツというのは〝リアル〟なわけですよね。ＩＴが関係しない業種というものはもはや存在しないから、そこに何らかの形でＩＴが横串を入れるにしても、基本は人と人が会して、一緒に感動を共有する。そういった意味でも実際の店舗で人と人の接点が生まれる小売業とよく似ているでしょう。

さらにいえば全国三十数カ所に候補地があって３時間以内の場所に人口集積地があるという規模感も、小売業の拠点政策における、物流センター網の基本的な設置場所の概念に似ています。実店舗型の小売業は物を運ばなくてはいけないから。

小山　なるほど、物流センター網という発想は盲点でした。また、スポーツに関しても確かに我々の事業は「現実に行うスポーツ」が基軸です。ですからリアルな場を抜きには語れません。人と人が会って風や手触りを感じながらコミュニケーションしていく。グラウンドや宿泊施設、スタジアムは、そういう場所を用意してお客さんをおもてなしするんですから、実店舗の小売業と少しイメージが近いのかもしれません。

松田　そうだと思うんですよ。そしてね、今、日本の小売業は成熟マーケットになってしまって成長がストップし、随分厳しい環境に置かれているわけだけど、30年前、40年前の若い日本では毎年20％、30％と売上が伸びるようなすごくいい時代があったんですよ。人口が増加していたので。

するとと小売業で何が起こるかわかりますか。どんどん新しい若い人材が入ってくるんです。そして2～3年目ぐらいで、すぐ店長にならざるを得ない。経験のない若者による店舗拡大の際には、それをシステマティックに運営することが重要です。すると運営のリーダーを育てる仕組みが実は一番必要。お話を聞いていて、そういう印象を抱きました。

なぜかといえば、事業拡大をしようとすると、事前に業務を経験し育った人が、次の展開をする時には後輩を指導する責任者になる。こういう仕組みがないと拡大はできないからです。ですから人を育てながら拡大する仕組み、これが必要になる。現在のスタッフはほとんど中途入社でしょうが、中途のプロフェッショナル人材が、新卒の社員を育てていって、新卒が入社何年ぐらい経つと一つの事業パッケージを任せられる人材に育つのか。また、人が育って責任者となるまでの目安となる体感を経営陣がいつ持てるのか。これが大切なんだろうと思います。

小山　我々のビジネスモデルでも社員、なかでも正規雇用社員と、その人材育成は大きな鍵になる概念です。現在、スポーツXにはデロイトやEYといった大手コンサルティングファーム出身者、あるいは伊藤忠商事のような商社出身者など、いわゆるエリートと呼ばれる人材が集まってきています。彼らエリートはビジネスの素地があるので順応は速く、１年、２年といった短期間で力を発揮してくれています。

松田　なるほど。そうかもしれませんね。多分、人と人との接点で感動を共有し、挑戦意欲の高い若者を引きつけるビジネスモデルであるのは確かですね。

社員選手は「コスト」ではない

小山　他方でこれはプロトタイプである藤枝を経営していた時代からやっていたのですが、サッカー選手を社員として採用するという試みを行っています。藤枝時代は主にアカデミー事業、いわゆるサッカースクールの指導員を、正社員採用された選手たちがしていました。これが実は藤枝の圧倒的な強みで、Ｊ３ながら売上が10億を超えて親会社に一切依存しない単年黒字を達成した要因です。これまで下位のカテゴリーにおいて、サッカー選手というのは一方的に支出していくコストでした。Ｊ３で観客収入や、親会社以外からのスポンサーフイーだけで選手人件費をまかなって運営するのはなかなか難しかったからです。

松田　そうでしょうね。よくわかります。

小山　また、下位カテゴリーの選手たちはみんなステップアップを目指しています。チームが好成績を残して昇格していけば、選手と共にクラブもステップアップできますが、相手がいることですから毎年必ず昇格できるとは限りません。そうすると、選手に上のカテゴリーからオファーが来た場合、引き止めることはできないんです。サッカー界ではよく〝個人昇格〟なんて言いますが、いい選手ほど上位カテゴリーに引き抜かれていくケースが出てきます。他にも監督やコーチと意見が合わないとか、レギュラーになれないといった理由から、選手たちはどんどん移籍していきます。

松田　うん（笑）。職業選択の自由に制限はつけられませんからね。

小山　これって実はクラブだけじゃなくて選手にとっても不幸なことだとぼくは思っていま

す。まず、「どうせいつか移籍してしまう」となれば、クラブは選手を育成するインセンティブが働かないんです。選手は単なる試合を開催するためのコストになってしまう。選手を試合開催のコストと考えればできるだけ安くて、高いパフォーマンスを即発揮してくれる選手を集め、それを短期的に使い捨てるのが一番効率的だという話になります。実際Ｊ３の多くのクラブはそうなっている。

次に、選手に「クラブのためにプレーしよう」というロイヤルティが生まれません。たとえ別の土地で生まれ育った選手だったとしても、ホームタウンの人たちと交流して、その土地の魅力を知り、地域に溶け込んでいくのが、地域密着クラブの大前提となるはずです。しかし、１年で去るかもしれない、昇格したらもっといい選手が加入して、自分はクビになるかもしれないという状況では、この土地で地域の人たちとつながりを持とうという気持ちには、なかなかなれませんよね。そこで、藤枝では社員雇用の選手を多く獲得し選手のセカンドキャリア支援教育なども行いました。その結果彼らはビジネス的にも稼げる選手になり、下位カテゴリーのサッカークラブにおける人件費の位置付けを変えられたという手応えがあったのです。

松田　今、J3の選手でも社員として採用するというお話があったけれども、それはベンチャー企業の持続的な成長という観点からも重要だと思いましたね。人を単なるコストと考えて会社を経営していくのか、それとも新しい人が入ってきて、次に入ってきた新しい人を育てて成長させていくエコシステムの要として人を見るのか。人が成長するエコシステムがあるとなれば、より優秀な人が入ってきやすくなるわけで人材確保の点からもアドバンテージになるんです。人はみな成長欲求がありますので、組織で成長シナリオを示すことが重要になりますね。

小山　確かにおっしゃる通りだと思います。J3よりも上位カテゴリーのクラブを見ても人の扱い方によって補強戦略が変わってくる印象は強いです。退団後のフォローが手厚いクラブだと真面目な選手が集まってきやすい印象もあります。

松田　ベンチャー企業は買収、買収で拡大するのも確かに一つの手ではあります。ただ、そこで起こる問題というのはやはり存在しています。大きな組織でも買収合併後は上手くいかないことがあるんですね。複数の企業が一緒になっても組織文化はやはり全然違いますから。

そう考えると根幹の部分がやはり重要で、スポーツXは今後、大手の企業や自治体などから色々な話が持ち込まれるだろうし、実際に連携していくスピードが加速するでしょうが、ここだけは譲れないという強いビジョンやビジネスモデル、強いリーダーシップといったコアになるものを自前で持ってないといけないと思います。それを生み出すのが、人が人を育てる仕組みと、その時間軸を経営陣が理解し、全体を把握することです。

国内と海外で変わるスピード感

小山　我々としては、お話しいただいたように強いコア、譲れないコアを形成したうえで、アカデミー、合宿大会、クラブという三つのパッケージをセットに展開していきたいと思っています。それを、地方社会を再生するツールとして活用していただくのが理想だなと。

それにあたっては展開のスピードもよく考えていく必要があると思いますが、先生は、ベンチャー企業が拡大する時の時間軸についてはどうお考えですか？

松田　三つのパッケージを走りながら考えることが重要で、時間軸にあまりとらわれる必要はないでしょう。すでに小山さんはアカデミー事業で海外に拠点を出していますから、よく知っているだろうけれど、日本での量産化モデルと海外での量産化モデルのスピードは違ってくるのが普通ですよね。

小山　はい、段取りもスピード感もだいぶ違いますね。

松田　そうです。だから拡大していくことだけを考えると、意外と海外のほうが速いかもしれないわけです。すると日本で三十数カ所ある候補地にキッチリ、量産化したモデルを作っておくことが正しい解なのかどうか？　という話になってきますよね。

海外展開を考えた場合、おそらく当初はアジア市場への進出という形になるのでしょうが、その多くの国々では日本と違いがあるはずです。日本の場合、売上1兆円の企業が国内に何社も存在しています。力のある企業が分散されているんですね。しかしアジア各国では大きな財閥企業などに集約されているケースが多い。ですから国によっては決定から実行までのスピードがとても速いんです。そういったスピード軸がまったく違う状況で海外での運営を実施できる人をどうやって育成していくのか。すべて現地スタッフでまかなうわけにはいかないでしょうから、そこも課題になるはずです。現地のスタッフとの交流、リレーションが必要です。

小山　なるほど、海外展開を見据えるかどうかでも時間軸は変わると。

松田　私は長年ベンチャー企業を研究してたくさんのベンチャーを見てきました。そこで感じるのは、国内では藤枝が一つプロトタイプなんだとおっしゃいましたけれど、周囲を説得するプロトタイプっていうのは五つぐらい明確なモデル事業がまずできれば充分だということです。それぐらいの数を作れば色々な連携先に説得力ある提案ができるでしょう。問題はその先で、どういった相手と組んで成功モデルを作るかです。

小山　そうですね。組んだ後、後悔するケースも多いと思います。

松田　小山さんは藤枝でご苦労されたから自前でブランディングをしていく難しさとか、規制の壁とか、スポンサードの問題とか色々体験されていますよね。それから行政上の規制や、業界内の既存のルールといった壁もあったはずです。ただ、その設定が海外になってくると変わってくるわけですね。違うスピード軸で進んでいく世界があって、そのスピードから遅れちゃうと、それが理由でダメになってしまうこともあります。

　クラブ運営は発明・発見を前提とした事業展開ではないので、特許で守るということは難しく、守る方法は商標や著作権などのブランディングぐらいでしょう？　ただブランドというのはもっと素晴らしい仕組みができたら、すぐ飲み込まれてしまうこともある。ですから海外での事業展開になった時に、常にスピードで勝てるかどうかを念頭に置きながら進めることを意識していく必要があるでしょう。

小山　なるほど。大変参考になります。いつまでに何個作るかといったことは意識しすぎないほうがいいということですか。

松田　そういうことになると思います。小山さんは２００２年にＩＴ系の企業を起ち上げましたよね。あの頃は堀《ほり》江《え》貴《たか》文《ふみ》さんが一番元気のよかった時代で、渋谷周辺は「ビットバレー」などと呼ばれＩＴの都とされた華やかな時代でした。ただ、そういった華やかさは薄れたかもしれませんが、ＩＴが融合されたような状態が日常化した今のほうが、ビジネスのスピード感は増しているような気がします。そういったことも含め、展開スピードは時間軸として考えたとしても、あまりそれにこだわらないことが大切でしょう。特に国内に関しては余計そう思います。海外の競争と国内の競争を分けて考えていく必要があるんだろうなと。

そもそも国内の競争はあまり意識してないんでしょう？

小山　そうですね、競争という意味では、あまり意識していないかもしれません。ただ、日本国内へのこだわりはやっぱりあるんです。子どもの頃、まだＷ杯に出場していない頃の日本サッカー界を見て、もっとよくするために、自分が日本サッカー協会の会長になろうと思いました。そして中学、高校では全国大会でも優勝して、日の丸を付けてプレーする機会すらいただけた。その後、日本サッカーは、みるみる発展していき、ぼくの力なんて必要としなくなってしまいましたが、それとは別に、その頃の日本サッカーへの思いこそが今の事業の原点でもあるんですね。だからこういった街クラブが全国に広がっていって、選手と地域の人々がサッカーと共に生きる暮らしが根付くこと自体、日本サッカーへの恩返しや発展に役立つのではないかと思っています。

したがって、競争という意識はないですけれど、日本国内でより多くの人がサッカーと生きる暮らしという幸福を享受できる地盤は作りたいと思ってます。ビジネスパーソンとしては、少し理想主義すぎるのかもしれませんが……。

松田　小山さんはストーリー（物語）を持ってるよね。それは大事なことです。

日本がいまだに持っている価値

小山　一方で、先生がおっしゃる通り、海外のスピード感やパワーが集約されているメリットというのは大変魅力だと思います。

実は、コロナ禍以前ですが、マレーシアのあるスーパー財閥のトップとお会いして事業を一緒にやろうという話になったんですよ。合弁会社を設立する話までは、わりとすんなり合意したのですが、資本関係にまつわる契約書のところで少し停滞しているうちにコロナ騒動もあって話が立ち消えになってしまいました。先方が日本国内に持っている日本法人の熱量が今一つだったことも一因かもしれません。ただ、その時にすごく感じたのは、日本という国が持つブランドや、アジア各国から見た日本サッカーあるいはサッカー以外も含めた教育・育成システムへの信頼の高さです。

サッカーで１万７０００人の生徒が通うアカデミー事業をしていると言うと、Ｊリーグには関心ないけど、アカデミーには興味があるのでちょっと話を聞かせてくれないかとなるんですね。しかも話すとトントン拍子で進んでいく。ただ、相手はやはり、百戦錬磨のしたたかさを持っていますので、一筋縄ではいかないんですけれども。

マレーシアの財閥も、我々のアカデミー事業、特にベトナムでも大成功を収めているという事例などには大変、興味をお持ちで、「経済的な成長率の低いＪリーグクラブなんて買収する気にはなれないが、お前たちが運営をやるなら一緒にクラブをやってみても面白いかもしれないな」ということはおっしゃっていただけました。

松田　やはり戦後、「東洋の奇跡」と言われた日本への信頼はあると思います。オリンピックだって、一日本国民としては、２０２１年に東京オリンピックが開催されたことに対して様々な議論があり得るのだろうと思います。しかし、競技の運営と進行に関しては評価できる部分もあったのではないでしょうか。

小山　日本は危機においては必ずしも柔軟性のある対応が得意な国ではないと思います。でも、決まったことをきちんと段取りを付けて遂行していくだけなら世界有数のレベルでしょう。

松田　そうです。機動的な攻めの危機対応力には課題が多すぎますが、江戸時代から続く中央集権的な規律遵守の意識は強いですね。ですから東京オリンピックに関してもそこは評価されているんじゃないかと思いますよ。

小山　実際に、アジア各国の方々とお会いすると、それをよくご存じなんですよ。しかも、その背景には日本の教育システムや国民性があることも知ってらっしゃる方が多い。そういった教育システムやインフラまで含めた信頼が日本のブランディングに大きく寄与していることは間違いないと思います。

先ほどはマレーシアの財閥企業とのお話を例に挙げましたが、実はミャンマーでも大きなプロジェクトが動いていました。しかし、すでにみなさまが知っているように、ミャンマーでは国軍によるクーデターが起こってしまい、もはやプロジェクトのゆくえは誰にもわからない状態です（苦笑）。不幸中の幸いだったのは、元々コロナが起こった状態だったため、現地入りしていたスタッフを引き上げていたことです。クーデターによる実害というのは、これまでの投資がパーになるかもしれない程度で済み、スタッフや家族の身に危険が迫るようなことはありませんでした。

松田　ああ、それは不幸中の幸いですが、ミャンマーでもスポーツを楽しむ時代が早く来ることを願います。

小山　安全は一番大事ですからね。それはさておき、このアジア市場への進出過程で痛感したのは我々の投資と時間の損益はともかくとして、日本ブランドへの信頼と、日本サッカーがここまで30年間で成し遂げた〝奇跡の成長〟とも言える成功はアジアで絶大な効果を発揮しているということです。サッカーがビジネスへの足がかりといいますか、付加価値にもなるぐらい、Ｊリーグ開幕以降の日本の躍進というのは衝撃だった可能性がある。だって30年前までは、Ｗ杯最終予選に上がってこられない国にも普通に負けていましたから。それが今や、W杯出場が危うくなると国民が一斉に監督批判するまでに成長したんです。

松田　うん。面白いね。

小山　なんでこんな話をするかといえば、我々がミャンマーでプロジェクトを一緒に始めたのはミャンマー国内における納税金額1位という人で、最大手財閥のトップなんですが、実はこの方、ミャンマーサッカー協会の会長でもあるんですよ。当然サッカーが大好きだし、日本サッカーの奇跡の成長を見習って、自国のサッカーを強くしたいという希望も持っていらっしゃる。つまりアジアというのはそれぐらいサッカー熱の高い地域であり、そのなかでも飛び抜けた成功を収めた日本サッカーには要人にも憧憬の念を抱かせる力があるんです。しかも彼はバブル華やかなりし頃の日本で働き、その資金を元に事業を拡大していった経歴をお持ちなので、本当に親日家です。このケースのように、トップ財閥にまで上り詰めたかは別としても、サッカーに何らかの形で関わっている企業である、とか、サッカーで実績を挙げている事例のある組織は、アジア進出において大きな力を持つのではないかという印象があります。

もう亡くなってしまいましたが、ぼくの高校の大先輩で東大から電通に入社してトヨタカップ設立にも尽力した広《ひろ》瀬《せ》一《いち》郎《ろう》さんは生前ふらっと故郷の藤枝を訪れては、よくこう言ってました。

「（当時ドイツの首相だった）メルケルだってW杯を日帰り弾丸ツアーで見に行って大はしゃぎするだろ。欧州では一級の要人がサッカー好きであることは珍しくない。しかもサッカースタジアムは周囲に再生可能エネルギー施設を設置した新しいコミュニティを地域に創造することもできる。つまり彼らの関心が高い環境やバイオなどとサッカーは親和性が高いということ。日本の強みであるハイテクやエコテクノロジー関連企業がサッカーを組み合わせて使えば、まだまだサッカーはビジネスツールとしても伸びしろがあるし、世界中から多くの政治家や経営者が見学に来るようなイノベーションを生み出せるはずだ」と。

ベンチャー企業と地域、都市のつながり

松田　非常に面白い話だったと思います。数年前、小山さんが藤枝の経営権を手放してスポーツXを起ち上げた時に「京都でよかったね」と言いましたよね。あの時のことを今ちょっ

と思い出しました。なぜそんなことを言ったのか。実は考えてみると、京都を代表する企業というのはそのほとんどが戦後の企業なんですね。戦前からあった島津製作所が原点となって、京都の近代工業は栄えていくんですが、その多くは戦後になってハイテク産業を中心に大きく成長していきます。でも、それだけじゃなく京都の企業にはもう一つ面白い特徴があって、京都に本社を置いて企業を大きくした経営者は、本社を東京に移転しないんですよ。

　大阪の企業の多くは現在、本社が東京に移転しています。他の地域でも東京に移転してしまうことが、たくさん報道されてるよね。一応別の地域に本社があっても、東京本社が実質的には本社機能を担っているというケースもたくさんあります。でも、京都の企業だけは京都の本社が、その実質も担っているというケースが圧倒的に多い。これは何でなんだろうと考えた時に、やはりそれは京都の持つブランディングの力なんじゃないか。今、小山さんは「日本ブランド」について話していたけど、もしかすると、それを上回るブランドが京都という土地にはあるんじゃないか？　そんなふうに思いますね。つまりこれがストーリーの持つ強さ、伝統が持つ強さなんだろうと思います。

　京都にはたくさんの歴史と物語があるわけですね。そしてそれが人を感動させたり惹きつけてやまない魅力を生んでいる。私はスポーツにもそういう側面があるのではないかと思いますし、そこにスポーツXがなぜ京都を選んだのかといった物語が加わると、より魅力的になるのではないかとも思っているんだよね。

小山　以前、京都の重鎮の方々のお世話で、日本を代表する経営者の「お月見」など季節の催しに先生が参加されたお話をお聞きしました。世界拠点の経営者を集めたグローバル戦略ミーティングの場合、奥様同伴が一般的だそうですね。すると彼ら全員から、必ず最後に「次はいつ開催されるのだ?」という声が上がると。それだけの魅力が京都という土地にはあるんでしょうね。

その一方でぼくが京都を選んだというよりは、京都のサッカークラブから救済を依頼されたからであって、そこに大きな物語はありません。それはこれから作っていくものだと思います。もちろん京都というのはすごい街で、暮らしていると驚きの連続です。近所をただ散歩しているだけで、国宝やそれと同等クラスの神社や仏閣、美術品などを見て回れますし、地域訪問をしていると、とんでもない世界的な要人が贔屓《ひいき》にしているお店や宿泊施設が数多く存在することを知ります。もはや、その歴史や伝統に圧倒されてしまいます。

松田　それが、経営者たちが世界から信頼を得ている京都から移転しない理由の一つですよ。

小山　ですから我々は地域に根付くための第一歩として、その土地の歴史や遺産を徹底的に学んで、その土地の方々はどういう物語を抱えながら、日々の暮らしを送っているのかの理解に努める必要があると思っています。それがサッカークラブの義務ではないかとすら考えています。その考えからすると、京都は勉強する材料も豊富で、しかも街自体がおっしゃっていただいたようにブランドでもありますから、とても恵まれています。

ただし、それに甘えてしまっては、日本中にサッカークラブがある暮らしを届けたいという理念とは逆に遠くなってしまう部分もあるのかなという悩みもあります。日本の歴史のなかで、京都という土地はほとんどの時間、その中心を担ってきた土地なので、広く名の知れた魅力がたくさんあるわけですが、じゃあそれ以外の土地に歴史がないかといえば、すべての土地には脈々と受け継がれてきた伝統があり、無形の文化が存在します。ですから京都の街に支えられながらクラブをやらせていただいていることは大変ありがたいと思いつつ、そこに甘えてはいけないとも思うのです。

松田　うん。京都に限らず愛着のある土地をそれぞれ持っているってことだよね。確かに今は若者と高齢者の利害対立であったり、既得権益をどう打破するかといった新興勢力の挑戦という現象が起こっている時代です。事実、無駄を食い扶持にしている事業体もたくさんあって、それをどうやって変えていくかという地殻変動が起こっているんだと思います。
ですが、そういった対立が顕在化していくなかで、じゃあ対立を「分断」に至らせないために、お互いをつなぐ「共通項」は何だろうかと考えてみる必要があると思いますね。そうすると、みんな生まれた土地というのを必ず持っていて、日本では比較的それを大切に思っている人は多いですよね。

小山　それは藤枝時代から実感しています。

松田　私の周りにはベンチャー企業で大変な好業績な一方、事業のスタートは日本だったけれど社長の活動拠点が海外にある、なんていう人もいます。しかし日本人というのはありがたいことに、郷土や生まれ育った地域に対する思い入れが強い気がするんです。たとえ海外で生活をしていても、生まれた土地が消滅してもいいと思っている人はすごく少ないんじゃやないでしょうか。そう考えた時にやはりサッカーというのは地方創生に有力だろうなと思うんです。日本では野球も盛んですが、東京オリンピック以降は正式種目から外れてしまうように、世界的に見ると競技人口が少ないですよね。一方サッカーというのは世界中どこでも盛んに行われている。先ほど海外進出する際にサッカーは一つの付加価値を加えてくれる、というお話がありましたけど、海外に出た日本人や日本企業が、縁があったり自分の生まれ育ったりした日本の地域と、交流していく架け橋になるような使い方もできるんじゃないでしょうか。ボール一つあればできて、みんなが知っているスポーツなんですから。

しかも、サッカークラブやスポーツビジネスが盛んな地域には若者が居着く効果もあるでしょう。ですからサッカーを通じて人が戻ってくる仕組みを地域の産業と作っていけるといいんだと思います。子ども時代はサッカークラブのアカデミーに参画して、東京の学校などに一度通ってもまた郷土に戻ってビジネスをしていくようなね。徳島の「葉っぱビジネス」ってあるでしょう?

小山　はい、知ってます。お刺身の「つま」などになる木の葉っぱを生産、流通して成功しているところですよね。

松田　そうです。あれを考えた株式会社いろどりの横石《よこいし》知二《ともじ》社長は農協の職員だった方なんですよ。徳島県はみかん農業が盛んだったのですが、ある年の寒波で大打撃を受けたんですね。みかんというのは一度枯れてしまうと再生まで時間がかかります。それで、代替となる産物がないかと考え生まれたのが葉っぱビジネスと言われています。

横石社長は、京都の料理屋の飾り付けの葉っぱを見て「裏山の葉っぱが売り物になる」と考え、このビジネスの着想を得ました。葉っぱなら徳島の山々にはいくらでもある。それで農家を説得して回って、販売ルートを開拓して事業を始めたら、それが成功したんですね。働いている方たちは主に地域のおばあちゃんたちですが、成功したことで今は若者がUターンで帰って来ています。

小山　地方経済の活性化の一つの理想みたいなところがありますね。

松田　そう。地方の場合は確かに東京より所得は低いのですが、東京に比べ所得が半分だったとしても、ものすごく豊かな暮らしができるんだよね。幸福度が高い県と高額の仕事がたくさんある県は一緒じゃないわけですよ。そういった幸福度の高い暮らしを実現するツールとして、おっしゃっていたサッカー関連の三つのパッケージを使うことは一つの軸になるんじゃないかなと思います。

「地方なんてこれからは誰もいなくなるんだ」と言う人もいますが、「地方の中核都市には、いるじゃないか、まだ子どもが！」という話なんですよ。そこにスポーツビジネスのオペレーションを下地にしながら、いわゆるＩＣＴ（情報通信技術）も絡めて新しい産業連関図を描けるといいでしょう。東京一極集中ではない、しなやかな日本づくりに貢献できます。

店舗展開に適したエリア

小山　自分の育った土地に帰る場所があるというのは、東京でバリバリ働く人にとっても重要な心理的安全につながる気がします。それと少し関連するのかもしれませんが、先生にお聞きしたいと思っていたことに、ベンチャー企業が拡大していく過程での戦略の立て方があります。先ほどは、ベンチャーはまず人材が育つシステムを作って、新しい人が、さらに新しい人を育てられるサイクルをいかに作るかだというお話をいただきました。それはもちろんその通りだと思いますが、では人が育つ場、つまり土地や立地条件という観点から見た場合、ベンチャー企業は何を意識していくといいのでしょうか？

松田　現在政府では世界に伍する「スタートアップ・エコシステム拠点都市」の認定などといった形でスタートアップや、その支援者の一定の集積と潜在力がある都市を認定し、起業家を支援し育てていくための政策を推進しているんですね。新たに認定される都市もあるので数は変動しますが「スタートアップ・エコシステム拠点都市」などのキーワードで検索してもらえればどんな都市が選ばれているかわかります。各都市はグローバル拠点都市と推進拠点都市にさらに細分化されていますが、札幌、仙台、東京、名古屋、京都、大阪、神戸、広島、北九州、福岡など日本の主要都市の多くが含まれています。

そしてそれらは、だいたい旧一期校と言われた中核大学が存在する地域でもあります。つまり認定された都市には様々な分野の研究者がいるということです。すると大きな研究機関には必ずスポーツの研究をしっかりやっている方もいますから、ＩＴを使った教育、文化、健康、医療などに関連する多くのアイデアが出てくるでしょう。スポーツに限らず、あらゆる分野の研究者がいる土地というのは産学の組み合わせが多彩になり、ベンチャーにとっては可能性の広がる土地ではないでしょうか。

ただし、スポーツXの三つのパッケージなどは、大型施設の建設を伴う事業です。どこの認定都市も大都市ですから、どんな相手先企業と連携するか工夫が必要になるはずです。とはいえ遊休の土地を持っている企業は探せば意外とあると思いますが。

小山　活用できていない土地を持っている組織にお互いメリットの高い提案をすることは、ぼくも常に意識しています。

松田　それが大事です。また、地域に根ざすベンチャー企業の場合は経営陣がどこの出身かというのも重要です。難しいのは必ずしもその土地の出身者がよいかといえば、そうとは限らないことです。高校までその土地にいたのか大学からなのか、とか色々あると思うのですが、地域愛のある多様な人材を複合的に考えなくちゃいけないんですね。

小山　出身地がよいと限らないのはとてもよくわかります。ぼくも出身地である藤枝でクラブを起ち上げましたが、地元出身の恩恵を大変享受できた一方で、「もし藤枝じゃなかったらこんなに苦労したかな?」と思うぐらいのダメージも受けました。特に元々よく知っていた方が、実は陰で新しいことを始めたぼくを妨害する側に回っていたなんていうケースはショックでしたね。どうせ、あることないこと言って邪魔されるなら見知らぬ土地で、見知らぬ人に言われたほうがどれだけ傷つかずに済んだことか(苦笑)。ですから藤枝という土地はもちろん愛着もありますが、ぼくにとって複雑な思いを抱かせる土地でもあるんです。

松田　リーグの定めるスタジアム規制に関して行政の協力が得られなかったり、苦労してたもんねえ(笑)。

小山　しましたね(笑)。ところで、先ほど先生がおっしゃっていたスタートアップ・エコシステム拠点都市ですが、我々のリストにもこれらの都市というのはだいたいラインナップされています。事業の候補地としては三十数カ所あるのですが、そこへ進出していく際に、やはりこの大都市中心で中核大学に代表されるような研究リソースの多い土地というのは時間軸的に優先度が上がってくるものでしょうか。

現在、スポーツXは京都が本社ですが、東北地方のあるJリーグクラブ保有組織のコンサルティング事業も行っていますし、広島県ではグラウンドを活用した事業もしています。そういった企業が次の展開を考える際に、では京都が本社で広島でも事業を行っているんだから、兵庫や和歌山といった周辺地域を固めて、西日本で展開することを重視すべきとか、政府が認定しているような大都市に順次展開していって、その後、周囲の衛星都市的な街に展開していくべきなど、いくつかの戦略が考えられると思うんです。

松田　先ほど小売業のお話をしましたけど、小売業はお店に商品を運ばなければいけないので、エリアを区切って集中的に出店するなどの戦略が必要となってくるんです。一方で、スポーツXの場合は扱うのが商品ではなく、人ですから、地域を区切って考える必要はないと思います。どの都市が一番自社に合うのか？　そういう視点が必要でしょう。

当然ながら業種によって戦略は大きく変わってくるということです。今、東北地方というお話も出ましたが、東北も今後面白い地域だと思います。コロナは大災害級のダメージを日本にもたらしましたが、例えば東南海地震が起こった場合は関東以西がコロナ以上のダメージを被り、国土が大混乱に陥る可能性もあります。そこで政府は災害に備えた拠点都市を東北地方にも作っているといえます。

バッテリー（電池）の工場というのは、現在関西にそのほとんどが集積していますが、もし大津波が襲ってきたらそこが壊滅的な被害にあうという予測があります。それを受けて福島県のいわき市では災害リスクに備えた「いわきバッテリーバレー構想」を起ち上げ、いわき市を蓄電池関連産業の集積地にするプロジェクトも開始しました。また福島県浪江《なみえ》町《まち》では再生可能エネルギーを利用した世界最大級の水素製造施設の実証実験をスタートしています。

小山　震災から10余年を経て、いよいよ東北の各都市が産官学で真の復興を目指していると。

松田　そうですね。もちろん東南海地震が起こった場合には東北も影響を受ける可能性があります。ただ東日本大震災を経験している東北地方は、地震に対する備えが他の地域よりも進んでいるので、耐性があるんじゃないかと私は思っています。ですから、ベンチャー企業にとっての具体的な地域として、〝東北〟というのは可能性があって面白いのではないでしょうか。

小山　なるほど、震災を経験しているからこそ次の自然災害に強いかもしれないという視点はユニークですね。そういう発想ではあまり考えていませんでした。

松田　先ほど小山さんは衛星都市的に展開していくと言っていましたが、そういう発想も悪くないと思います。マザー拠点となる事業所を作って人を育てて、「じゃあ入社2年目だけれどトレーニングのために、衛星となる拠点で責任を持った仕事を任せる」。そういった方法はやりやすいですね。

いずれにしても、条件的に合致する案件があったからといって、全国三十数カ所バラバラに展開するというのは絶対にやめたほうがいい。まずは、いくつかの拠点を見定めて、優先順位を決めて進行していくほうがいいでしょう。トレーニングの意味合いを持った支店も含め「拠点は拠点」ですから。どこを〝中核拠点〟にするか、それが大切です。

マーケットに対して影響力を持つには

小山　大変勉強になります。少し下世話な話になってしまうと思うのですが、拠点を見定めて、実際に運営を行い黒字化したとして、何拠点といいますか何店舗ぐらい軌道に乗せていくと、マーケットへのインパクトというものは出てくるのでしょうか。といいますのも、ベンチャー企業の多くは、あまり今までの企業がやってこなかったことをしていると思うんです。そうすると事業展開を進めるにあたって資金調達の問題が常について回るはずなんです。実際、我々も投資と割り切って見守ってくれる株主の方々にいつも助けられている側面があります。

松田　マーケットへのインパクトという観点だと、やはり業績イメージが左右する場合も多いですよ。今株価が付いているベンチャー企業というのは、キャッシュを生み出す儲かっている企業です。それ以外の赤字でも株価が付くのは世界市場をターゲットにしているテック系・バイオ系だけですね。企画アイデア系のベンチャーは儲かってるというのが最低条件。利益が倍々ゲームで伸びていますという必要はありませんが、赤字の状態は評価されにくい時代です。それから、赤字でもある程度許容されるケースとしては消費者のビッグデータを所有する企業も一部該当するはずです。

　メルカリはマザーズに上場していて、まだ安定した黒字化までには至っていませんが、先行投資をすごくやっていますよね。そしてそれによって顧客が増えているんです。その顧客データベースはマーケットから見ると価値があると思います。企業にとってＢｔｏＢビジネスであっても、Ｂの先にいる人たち、つまりＢｔｏＢｔｏＣのＣをどれだけデータベース化しているかが問われる時代になっています。

小山　我々も合宿大会事業では、現在年間８万泊の実績がある顧客データベースを運用していますが、その規模が増えていくと、それも一つの評価軸になっていくということでしょうか。

松田　うん。Ａｍａｚｏｎは当初ずっと赤字を出し続けながら、世界的なプラットフォーマーになったでしょう。あの会社はネット書店として、本を基軸に人の趣味、嗜好をデータベース化していったわけです。データ駆動社会になり顧客情報価値がマーケットの関心事になってきました。個人の機密情報保護の問題はありますが、多角的な家庭内データであったり個人の消費データを、外に漏れないセキュリティを用意して保有していますね。これは外から見ると将来価値がますます高くなると考えられても不思議じゃありません。

小山　黒字化でありＩＴをベースにしたデータベースが非常に魅力的だということですね。

松田　そうです。それから先ほどのマーケットの見方は業績イメージに左右される、という話に関してもう少し詳しく考えますと、サッカークラブやスポーツビジネスというのは、物語性とか地域貢献といったイメージはみなさん強くあるんですけど、日本国内ではあまり、安定して儲かっているイメージはないと思うんです。ですから「こういう仕組みでやると安定して採算ベースに乗るんです」ということが提示できるかどうかが重要です。そんなに多数の実証事例が必要だとは思いませんが、こういった事業の場合、一つ二つでは足りないでしょう。

　ホームセンター業界としては、後発ですが小売業者のコメリという会社があります。実は私はコメリが１号店を出店した直後から50年近いお付き合いをしています。ホームセンターといえば日本で業界がスタートした１９７０年当時、１店舗あたりの面積は１０００平米、３００坪以上あるのが普通でした。しかしスーパーマーケットなどのチェーンストア小売業が急拡大し、１９７３年には地元の小売店を保護するために大規模小売店舗法が制定されるなど規制が入ります。要は大規模店舗の規制が強化されたのです。それによって、これまで大規模な店舗を展開してきたホームセンター業界も大きな打撃を受け成長スピードがガクッと落ちました。

　コメリも従来規模の店舗展開ができなくなりました。その際に彼らがとった戦略は規制があるなら、それに該当しない小型店を作ればよいというものでした。規制は１５０坪以上、平米数だと５００平米弱の店舗に対して適用されるものだったのですが、ギリギリ適用を逃れる１４９坪のお店を作ったのです。小さい店ですから置ける品数には限りがあります。それまでの常識で測ると物流の効率が悪いだとか問題点を色々指摘され、絶対に成功しないと社外からは言われました。しかし、物流効率を高める小型店＋《プラス》中型店＋《プラス》大型店の船団方式をワンパッケージとする仕組みを工夫し、現在コメリは売上４０００億弱の企業となり、ホームセンター業界では４位です。

　これは藤枝で、Ｊ３というＪリーグクラブでは一番規模の小さいカテゴリーでプロトタイプを軌道に乗せたのと似ています。小山さんの大きなメリットは、「Ｊ３の規模でもきちんと黒字化し採算を取ったよね」という実績を説得材料として立証したということです。しかし、その一方で、「小山さんの母校の藤枝東ってサッカーの名門高校で藤枝はサッカーどころだよね。やっぱり有利なバックグラウンドがあったじゃないか」という声は絶対出てくるでしょう。したがって、藤枝や京都に続いて国内数カ所で実際に運営し採算が取れることを証明することが重要です。他地域でも〝論理的に採算が取れる仕組みを説明できる〟ビジネスモデルが立証できると、地域活性化を希求している他の地域にも急激に加速できるとは思いますね。

小山　なるほど、採算のロジックがしっかりしていることが極めて重要だと。

松田　はい、そうです。そして今言った〝加速〟という言葉の意味には競合相手が多くなってくるかもしれないという予測も含まれます。しかし、競合相手が多くなるのはマーケットが新しいステージに入ってくるということですから、必ずしも悪いことばかりではありません。可能性を感じる人が増えるからこそ競合が多くなるわけです。

アメリカや中国からは、ユニコーン企業（評価額が10億ドル以上＝日本円で約１１００億円以上の非上場ベンチャー）や、急成長を遂げる会社がどんどん出てきています。これは新しい企業が参入することで、変化、改革のスピードが加速し、市場が拡大していることを意味します。日本企業の多くはこの市場急拡大のスピードに乗り遅れていると思いますね。

ベンチャー企業が提携すべき相手とは？

小山　競合が出てくるというお話をいただきましたが、Ｊリーグは現在58クラブ存在し、その上限は60クラブになる予定です。その一方で、ほとんど自称といった感じの熱意が低いクラブまで含めると〝Ｊリーグ入りを目指すクラブ〟というのは全国に１００ぐらい存在しています。一応、Ｊ３とその下のカテゴリーの入れ替えは行われる予定ですが、枠は限られ競合状態が起こり始めています。これは先ほどの「マーケットが新しいステージに入り加速していく」のと少し近い現象が起こりつつあるのではないでしょうか。

　１００ぐらいのクラブが争うとなりますと、当然玉石混交の状況が生まれてくると思います。そこで先生にお聞きしたいのは、こういう状況で戦略を考える際、どういう点に注意していけばよいのかです。Ｊ３クラブの平均売上はコロナ前で約5億円程度ということで、まさに規模感としてはベンチャー企業と同じであり、産業が勃興してくるタイミングでは、このような形でベンチャー同士の競合が増えていくということも、ままある現象だと思います。ですから、もし参考になるような事例があれば学んでいきたいなと。

松田　一般論で言いますと、過当競争が起こってしまっている産業では「安かろう」だけの商品が大量に供給され、まったく利益の上がらない業界構造になってしまうケースが多いですね。各地域の既得権益側が新興勢力を徹底的に潰しにかかることも、残念ながら存在するわけですよ。

研究開発型のベンチャーは、世界初の研究成果で、開発が成功すると世界にこのような貢献ができるとの確信を持っています。このようなベンチャーに私がよく言うのは「あなたの研究成果は世界初かもしれないけど、これまでそれがなくても世の中動いてましたよね」という言葉です。世の中が動いているとはどういうことかというと、代替品があるっていうことなんですよ。代替品があるということは、先行的な既得権益を持っている競争相手がいるわけです。そこで既得権益側は新興勢力を当然、競争相手とみなします。

小売業やサービス業では、より安価な価格競争を仕掛けます。また研究開発型ベンチャーに対しては、例えば特許訴訟やブランド詐称訴訟といったやり方があります。数百億の売上を計上している大企業では、訴訟費用だけで数億円用意できる。片やベンチャーは、ようやく新商品を開発したばかりで、大型訴訟に対抗できる資金などまったくない。そういった戦いの勝敗は火を見るより明らかで、挑戦者が潰されてきた事例はいくらでもあるわけです。

小山　そういったケースにおいては、どのような自衛手段がありますか？

松田　ブランディングも含めた知的財産権を、進出しようという国々において確保していくことが重要になります。権利を国に認定させることをキッチリやっていかなくてはいけません。例えば、まぎらわしいクラブ名を先に取得されるなど、似た商標を先に取られることなどは多々あります。

そして次に重要なのが自分たちの会社の出資元、メイン事業提携先がどういった企業であるかです。名だたる企業が出資者に名を連ねているというのは、やはり防波堤になります。これは本当に重要で、法人を起ち上げずに、個人事業主で少ない人数でやっていたばっかりに泣かされるケースなどもあります。個人事業主は基本特許は取れても周辺特許まで取得する余裕がありません。気づいたら大手に周辺特許をみんな取られてしまって、挙げ句、個人に対して「あんたウチの周辺特許を侵害してるよ」となると泣き寝入りするしかないですね。競争下では旧勢力と新興勢力で必ずこういった争いが起こってしまいます。

小山　どのような企業から出資されているかは、見た目のイメージだけじゃなく、防波堤になる効果もあるというお話は大変興味深いです。

松田　そうなんです。何かあった時でも「ああ、あそこと組んでいるんじゃ、面倒だからやめておこうか」という効果がある。

小山　防波堤効果も期待できるのが大手企業ということですが、そういった企業の出資を受け入れる際、注意することなどはありますか？

松田　本当は該当企業の将来性や産業構造も当然考慮しなくてはいけないけれど、業界再編も起こるだろうし、第四次産業革命とも言われるこの時代、何が起こるかはわかりませんし、予測も非常に難しい時代です。ですからまず、トップがどう考えている企業なのかという点が大切でしょうね。

相手企業の窓口になっている人が前のめりなことは珍しくないんですよ。大手がベンチャーと組む時は、だいたい新規事業になりますから現場の士気は高い。でもその上にいる立場の人は反対を向いてたりすることもよくあります。ましてや、トップが反対のことを考えていたりすると、話は先に進みません。

本当のトップというのはウチの会社はこうあるべきだという時間軸を非常に長く考えていますし、ＳＤＧｓなどに対しても真剣に考えている方が多い。しかし、現場とトップの間の層も積極的とは限りません。ですから自分の会社の中堅幹部のことを「何を考えてるかわからない」なんてメチャクチャに言う窓口の部下もいるんですよ（笑）。

小山　なんとなく想像はつきますね（笑）。

絶対に手放したくない土地

松田　そんな前提を考えると、組む相手は、まず窓口がしっかりしてなくちゃダメなんだけど、トップがどういう人か。何を考えているか。10年ぐらいの軸で見てくれる人か。そういったことが大事になってくるでしょう。共同運営は「連携」ですからね。事業連携というのは1年やそこらで、本格運営が軌道に乗るものじゃないですから。したがってトップの考え方の見極めが重要です。それからもう一つ同じぐらい大切な視点があります。

小山　企業トップの考え方と同等レベルに重要なことですか。ぜひ知りたいです。

松田　今は企業にとって難しい時代です。特に不採算部門に関しては、そんなもの全部売り払って配当に回せというアクティビストもいるわけです。株主総会対策も非常に気を使いますし、投資をするにあたっても投資効率を高く維持することが求められます。そこが物足りなければ上場している会社は総会で批判を受けるわけなんですよ（苦笑）。

　でも、そんな会社にとっても絶対に手放したくない資産というのはあるわけです。少し一般論を離れて、小山さんのスポーツXの事例に沿って話しましょう。

　企業は上場していると、現状、事業再編等で収益を生んでいない遊休の土地を、そのままの状態で保有するわけにはいかない。すると、その土地を使ってこんな事業が行えますという提案は魅力的でしょう。結局、その提案が採算を取れなければいけないことに変わりはないのですが、今はよい時代といいますか、金利が非常に低いです。昔のように借入金利が10

％、預金金利が６％のような時代なら、金利の倍の利益を出せと言われたら、なかなか大変なんですよ（笑）。だけど今は２～３％利益を出せば投資効率として許されるレベルなんですよね。

ですから上場企業の、トップの考え方によりますが、その企業が保有している資産、守りたい資産を再生・活用し地域活性化に貢献できるかどうか。これが、小山さんが提携先を考える際に常に着目すべきポイントです。

小山　手放したくない資産というのは大変面白い考え方です。

松田　１９９０年代初頭までは、日本経済に活力があり、どこの企業もみんな拡大志向だった。その拡大志向の〝後始末〟が30年経って終わった会社もあるけれど、まだ途上という会社も結構あるわけです。そうすると広大な敷地を持っていて、本当は「地域に貢献したいから、そこで新規事業に挑戦したが、逆の結果が出ちゃった」という企業がまだ多くあります。そういった企業がスポーツXと組みたいと考えるのではないかな。工業団地の開発なんかも１９７０年代には国策としてものすごく力を入れていたわけですが、ほとんど売れずに負の資産になった。そういった問題を日本は国中で抱えています。

小山　なんとなく方向性が見えてきたような気がします。ちなみに自治体と組む場合も同じようなことが言えるのでしょうか。

松田　自治体でも同じで、まずは地域活性化を具体化したいという思いが強い首長かどうか、住民からの信頼感を得られるか。連携ビジネスですからそこが第一に重要です。それからやはりこの提案は「あなたの地域にとってプラスになりますよ」と言える実績があるかどうか。結局どこと組むにあたっても持続的成長のための前工程のプロセス、つまり三つのパッケージの総合力の実績を見せなきゃいけないことに変わりはないでしょう。

新しいファイナンス

松田　トップのビジョン、保有する資産として好ましい相手が見つかっても、実際に企業と提携してビジネスを始めるとなると「じゃあ決算書を見せろ」という要求が必ず出てきますよね。ただ、そこには先行投資のコストであったり人材育成のコストが発生していて、あまり見映えはよくないはずです。

小山　それが実情かもしれません。

松田　でも先行投資活動に伴うタフな交渉力や人が育つ仕組みというのは、費用化している無形資産なんですよ。そしてそれはバランスシートに上がってこない企業の潜在的な力なんです。イーロン・マスクのテスラは、やっと２０２０年に黒字化しましたが、ほとんど利益が出ないまま企業価値だけは高い状態でトヨタの２～３倍という時価総額になっているわけです。彼らが評価されているのはＣＯ２回避型の電気自動車のＩＴ化のための強い思いとその実行力という、無形資産の塊のような会社だからだと思うんですよね。無形資産は、会計上は資産にはならない。最先端の人材を集めた研究開発はすべてコスト計上になります。会社の価値を生み出すのは意外と知財や人的資本なんじゃないかということも言えるわけです(笑)。もちろん会計上は一見足を引っ張る。しかし、有能な人が育たない組織は将来のストーリーもまた存在しない。

ですから、それを理解してくれる人との事業連携という長期的な協力を得て経営していくためには、同時に資本連携という、エクイティ・ファイナンス（株式による資金調達）が不可欠であると思います。デット・ファイナンス（借入金による資金調達）ですと、借入ですから、返さなければなりません。営業活動上、キャッシュフローベースで資金が回っていかないと長期的な成長ができません。それから、資金調達でいえば小山さんは藤枝時代、現在日本で定着してきましたが投資型クラウドファンディングを先取りした資金調達をしましたよね？

小山　そうですね、そもそもはクラウドファンディング＋サブスクリプションのＷＥＢサービスとしてサッカークラブを起ち上げたと説明したほうが正確かもしれません。「ネットを通じてユーザーが資金を出して運営するサッカークラブ」が設立当初の藤枝のコンセプトだったんです。ただしこのコンセプトはオリジナルではなくイングランドに先行事例はありました。愛称の「ＭＹＦＣ」の由来もそこにあります。

インターネットを通じて定期的に料金を支払ってくれるユーザーに対して、チームの戦術コンセプトであったり、選手・監督の人事に対して投票行動で議決に参加する権利を、会費を払っている期間は常に提供する。「ユーザーが運営資金を提供する代わりに、人事にさえ決定権を持つ」。そういうＷＥＢサービスとして、サッカークラブを始めたのです。

藤枝を起ち上げたのは２００９年ですが、クラウドファンディング自体は２００１年頃からアメリカで始まっており、そこそこＩＴ業界の間では知られていました。とはいえ、その後、日本のクラウドファンディングに大きな影響を与えることになるアメリカの二大クラウドファンディング「Indiegogo」が２００８年設立、「Kickstarter」が２００９年設立ですから、発想自体は結構早かったんですよ。でも早すぎたのかもしれません（苦笑）。結局ＷＥＢサービスとしては早々に限界が来てしまいました。

しかし、リアルのサッカークラブを起ち上げた以上、ソシャゲのように〝サービス終了〟といって終わらせるわけにはいきません。クラブを存続していくために東京の本社を引き払い、郷土の藤枝に戻って地域を駆けずり回ったといいますか、現実には這いずり回って支援者を募っていったんです（笑）。

ただ、やってみるとまた別の可能性が見えてきたんですね。それが、藤枝でネットからリアルへの転換を図っていた時期に掲げていたコンセプト、「サッカー経済都市」というものです。サッカークラブが地域内企業を結ぶハブとなって企業と企業をつないでいく。そういった可能性が見えてきた。その結果、とにかくたくさんの方に株主になっていただこうと地域を奔走し、先生が「投資型クラウドファンディング」とおっしゃったように４００超にも及ぶ出資者に応援していただけるクラブへと成長しました。

実際、４００以上もの株主さんに支えられるようになってくると、サッカークラブがハブとなって経済を動かす現象も起こり出します。同じクラブに出資する企業同士ということで、株主同士が資材を発注し合ったり、コラボ商品を作ったりというのがそれで、規模はまだ小さかったですが企業シナジーが次々に生まれました。そんな様子を目の当たりにして、サッカークラブというのは地域経済に大きな貢献ができるなと確信に至り、今クラブを運営する京都でも、地域の企業訪問には徹底して力を入れています。地域を回って企業の特徴や強みを知り、企業と企業をマッチングさせていくプラットフォームとしてのサッカークラブ。そんなイメージですね。

松田　なるほど。元々ＩＴベンチャーを起業しリアルへ移ったというのは、やはり小山さんの強みですね。

小山　ありがとうございます。ただＩＴのほうではなかなか時代の波には乗れませんでした（苦笑）。少し話がそれてしまいましたが、資金調達という意味では、クラウドファンディングも今では一般化しましたし、２０００年代頃と違って様々な選択肢が出てきている時代ですね。

松田　そうです。ですからスポーツＸも今度は多様な資金調達というのも組み合わせていいのではないかと思います。クラウドファンディングといっても購入型やサービス型だけでなく、寄付型もあるでしょう？　何もサッカークラブ運営の議決権まで参加しなくても、単純に地域を活性化したい、何か地域に少し貢献したい、だけどよい方法が思い浮かばない、そんな人もいると思うんです。そういった人の思いを受け止める一つの手段としてクラウドファンディングは面白いはずです。

資金調達の色々な仕組みがサッカークラブにもあるのでしょうが、利益を株主に配当しているところはほとんどないわけですよね。これは、事業体として完全に自立できているクラブは極めて少ないということです。小山さんには、こうやって効率化すればプロスポーツを持続的に経営できますよというモデルをきちっと作ってもらって、それによって結果的にスポーツ文化拠点の地域を変えていってほしいなと思いますね。スポーツXの目指すグローバル戦略の組織形態は、ホールディング本部・国内外広域拠点本部・地域クラブ運営の三層構造になるのが理想的と思います。地域の文化に根ざしたクラブ運営の成功モデルを確立して、シンプルで機動力ある上位二層の本格的な組織づくりに挑戦してほしいですね。

小山　先生、今日は本当にありがとうございました。ご期待に応えられるよう、まずはおっしゃっていただいた採算と実績を意識した経営をし、日本のスポーツをよりよくしていけたらと思います。

第3章

競争とブランディング（阿久津聡×小山淳）

阿久津聡氏プロフィール

一橋大学大学院経営管理研究科教授　ＤＢＡプログラムディレクター

一橋大学商学部卒。同大学大学院商学研究科修士課程修了（商学修士）。フルブライト奨学生としてカリフォルニア大学バークレー校ハース経営大学院に留学し、ＭＳ（経営工学修士）とPh.D.（経営学博士）を取得。同校研究員（１９９８〜99、２００７〜09）。一橋大学商学部専任講師、一橋大学大学院国際企業戦略研究科准教授などを経て、現職。日本マーケティング学会副会長。株式会社アダストリアなどで社外取締役を務める一方、企業ブランディングによって持続的に業績を向上させる経営のあり方に焦点を当てており、それに関連して、企業ブランドが象徴する経営理念によって従業員の健康まで実現する「健康経営ブランディング」を提唱している。

そもそもブランディングとは？

小山　阿久津先生、よろしくお願いします。早速なんですが一つ質問させてください。阿久津先生といえばブランドマネジメントの大家であるデービッド・アーカー先生の『ブランド論』(ダイヤモンド社)も翻訳されていて、日本におけるブランドマネジメント理論の第一人者ですよね。

そこで今回お聞きしたいのが、競争市場におけるブランドの持つ意味とは何かという点です。といいますのも、現在Ｊリーグには58のクラブがありますが、一応の目処として60クラブになった時点で拡大をやめることが事実上決定しています。

しかし、Ｊリーグを目指すクラブは１００ぐらいあって、競争が過熱気味。それで、「今プロサッカー市場はそんな状態です」という話を本書の第2章で松田修一先生としたところ、競争市場において重要な項目の一つとして挙げられたのがブランディングだったのです。ですので、最初の質問として、「競争が過熱した市場においてブランドがどういった効力を発揮するのか？」を先生にお聞きしたいと思っています。

阿久津　なるほど。それでは、ちょっとサッカーとは関係ないのですが、少しだけ半導体の話をしてもいいでしょうか？

小山　はい。サッカーやスポーツにこだわりすぎず、他業種の事例も、どんどん挙げてくださって大丈夫です。

阿久津　わかりました。ではまず、ブランドマネジメント理論の生まれた背景について触れておきましょう。そもそもアメリカでブランドマネジメントが台頭してきた理由には、日本企業が深く関係しています。かつて日本とアメリカの企業は様々な業種で激しく競争した時代があります。その競争においてアメリカ企業はおしなべて大変苦戦しました。それを契機に受け入れられ、発展したのがブランドマネジメント理論なんです。

小山　日本企業との競争がきっかけとは面白いですね。今はアジア企業との競争において苦戦気味の日本企業にとっても参考になりそうな気がします。

阿久津　１９８０年代前半から１９９０年代前半を中心に、日米半導体戦争だなんて言われていた時代がありました。今では隔世の感がありますが、当時の日本製半導体メモリーは圧倒的に強くて、ＤＲＡＭ（Dynamic Random Access Memory：コンピュータなどに使用されるメモリー）のシェアは世界の50％超を占めるほどだったんです。

小山　シェア50％を超えると、体感としては独占市場に近いでしょうね。

阿久津　そうですね。アメリカの会社が日本にどんどん駆逐されてしまった。今はマイクロプロセッサのイメージが強いインテル社も当時はＤＲＡＭを生産していたのですが、「日本企業との競争には勝てない」ということで事業から撤退してしまったほどです。

小山　当時はなぜ日本企業がそこまで優位になっていたんですか？

阿久津　経験曲線という経験則があります。これは、作れば作るほど生産コストが低下していくことを示す曲線で、この経験則が当てはまる産業では、早いタイミングで大量に作ったもの勝ちという状況になるんです。当時の半導体って、その製造において経験曲線がすごく効く、よく当てはまる産業だったんですよ。

小山　ああ、なるほど。大量生産によるスケールメリットが大きいと。

阿久津　そして当時の日本は、失われた20年、30年と言われる前の時代ですから、経済は順調に成長していて、多くの企業は市場シェア重視だったんです。利益じゃなくて、市場シェアをどれだけ取るかを第一に考えていた企業が多かった。これは半導体に限らず自動車産業などもそうです。なかでもシェア重視の発想がとても上手くいった産業が半導体だったんですよ。

実際に何をやったかというと、ものすごく安く売るわけです。ほとんど利益は出ないけど、たくさん作ってどんどん安く売っていく。そのうち製造コストが下がるから、利益が出始める。一方で、アメリカの競合は安売り競争の薄利に耐えられなくなっちゃう。競合が撤退したら、今度はいよいよ値段も上げ始めるわけです。また、当時のアメリカが株主至上主義の絶頂期だったことも、その後のブランド論の隆盛に大きな影響を与えます。

小山　利益を無視した安売り競争は、短期的な利益に目を光らせる株主の圧力により許されなかったんですね。

阿久津　そういうことになります。四半期ごとに株主から「利益はどうだ？　配当はどうなる？」とうるさく言われ続けていたので、経営者は短期的には赤字を出してでも売るなんて真似はそう簡単にできない。利益を維持して売るしかなかった。だから勝負にならないわけです。

　では、なぜ日本企業がシェア重視戦略を取ることができたか。それは、60〜70年代の経済の急成長期を経ていて、「市場は右肩上がりに伸びていく」という前提を各社が持っていたからです。実際、バブル崩壊までは基本、経済は成長を続けていましたしね。市場が急成長していると、今年のシェア20％は１００台だけど、来年のシェア20％は２００台になるなんてことが起こるんですね。この場合、同じシェアを維持したら売上としては倍になる一方で、台数が変わらないとシェアは半分になってしまう。

ですから、市場の成長に加えて、経験曲線が効いて作れば作るほどコストが下がる半導体業界で、シェア拡大に邁進する日本企業は破竹の勢いとなったんです。最終的には政治問題化して、アメリカ政府が「ダンピングをやめさせろ」と日本政府に圧力をかけるに至るわけですけど。

小山　日米半導体交渉ですね。

阿久津　はい。だけど、政府に任せているだけじゃなくて、やはり企業自身も負けっぱなしの状況をなんとかしなきゃいけない。そこでアメリカで注目されたのが「ブランドマネジメント」という考え方だったわけなんです。

ブランド研究が進んだ「実務的な要請」

小山　なるほど、そこでブランディングが関わってくるんですね。

阿久津　そうなんです。経営者としては、競争力のある価格で商品を売るにあたって、短期ではなく中長期的な投資をしたい。その効果をモニターして短期的にも株主に投資効果を提示できる指標が必要だった。

　そこで、「今は利益が出ていませんが、この指標を見てください。ちゃんと上昇しているでしょ？」と株主を説得するための指標として、ブランドエクイティ（＝ブランドの資産価値）という概念が注目された。

　ブランドの価値を高めるために投資をしている状況を理解してもらい、「今のところ利益としては赤字なんだけど、将来の利益のために認知が上がった」とか、「ブランドのファンが増えた」というのを指標として示す。「ブランド忠誠度やブランド認知がここまで高くなりました、だから来期、来年の見通しは明るいです」と株主に安心してもらい、評価してもらう。短期的に成果を出さなければいけないという無理な制約から脱却して、将来勝つための中長期的な投資を可能にするために、当時のアメリカの経営者たちはブランドマネジメントに着目したんですね。

小山　先生の師匠であるアーカー先生は、その研究の先駆けだったのですか？

阿久津　アーカー先生はまず、ブランドの価値の源泉は何かという研究をしました。ブランドという無形資産の価値がこれだけありますといった時、その価値の源泉となるものは何か。それを明らかにしようとしたのです。

彼はそれを主にブランド認知、ブランド連想、ブランドロイヤルティから成るブランドエクイティという測定可能な概念に落とし込み、明確にしました。ちなみに、無形資産としてのブランドとは日本の金融用語の〝のれん代〟に近いですね。

小山　非常に面白いお話だと思います。要するに無形資産をどうやって可視化するべきかという考え方が背景にあるわけですね。人が育つ会社であるとか、営業が強い会社といった、組織が保有する固有の特徴は、ある意味その企業の競争力を決定付けますが、定性的な分、なかなか可視化されてこない。その一つであるブランドをアーカー先生は定量的に評価すべく研究されたということでしょうか。

ちなみに阿久津先生は最初から、アーカー先生に師事するためにアメリカ留学を決めたのですか？

阿久津　アーカー先生とは、大学の学部時代、一橋大学からカリフォルニア大学バークレー校に交換留学した際に、一橋での恩師、竹内《たけうち》弘高《ひろたか》先生のご紹介で知り合いました。その後、アーカー先生に師事してカリフォルニア大学のハース経営大学院で博士号を取得し、以来アーカー先生とはずっとブランドマネジメントの研究や実務のコンサルティングを一緒にやらせてもらっています。

GMとコカ・コーラの価値

小山　主にアメリカで発展してきたブランドマネジメントの背景を伺ってきましたが、ぼくみたいな浅学な人間だとブランドと聞いてまず連想するのは、グッチやルイ・ヴィトンといったヨーロッパのファッションブランドだったりします。アメリカ以外、日本やヨーロッパのブランドマネジメントというのは、どういった状況なんでしょうか？

阿久津　日本の場合、和菓子の「とらや」などに代表される数百年続いているような、とてつもないブランドを持つ企業が結構ありますよね。ただし、多くの場合、どちらかというとそれをブランドとして科学的にマネジメントするといった発想よりも、内々で脈々と〝のれん〟を守り続ける姿勢で続いてきたように思います。

それに対して先ほど申し上げたように、多くの場合、アメリカ企業は科学的にブランドをマネジメントしようというスタンスです。当時、市場シェア至上主義で中長期的な視点から競争をしかけてくる日本企業に対抗するために、いかにブランド価値を指標化して、株主を納得させられるかというところが一つの大きなきっかけになって始まっているので、それも当然なんですが。

そして、ヨーロッパは、多分その中間ぐらいです。おっしゃっていたファッションブランドなども元々は日本と同じく、代々伝わる職人技法を守っていく姿勢が強かった。しかし、途中から科学的なブランドマネジメント手法を取り入れることにも尽力したことで、グローバルにも成功しているブランドが少なくありません。

小山　株主至上主義だったアメリカで、事業戦略としてブランドマネジメントが発展していったということは、株式市場でのウケもよかったのでしょうか？

阿久津　１９８０年代から１９９０年代にかけて、アメリカでは大型のＭ＆Ａ、企業買収が次々に起こったんですよ。その際、当然その会社はいくらか？　という値段の話が重要になりますよね。それで企業価値が注目される状況が生まれました。

そんな時代背景を象徴する、当時の有名なエピソードがあります。今聞くとそんなに驚かない話かもしれませんが、80年代後半から90年代当時にＧＭ（ゼネラルモーターズ）とコカ・コーラの時価総額がほとんど同じだったことが話題になりました。当時のＧＭといえば世界を代表する自動車メーカーで、従業員の数や有形資産額ではケタ違いにＧＭがコカ・コーラに勝っているわけですよ。無形資産でも、特許などの知財や、製造における工業技術的なノウハウでもＧＭが勝っている。

ではなぜコカ・コーラと同じ時価総額になるのか、が話題になった。コカ・コーラという会社は、自身が持つブランドの価値が時価総額に反映されていて、のれん代などの無形資産に付けられた値段がものすごく高かった。その事実が、新鮮なものとして注目されたということです。現在でもコカ・コーラはグローバルブランドの価値評価ランキングなどでトップ争いの常連ですが、こういったことからブランドの価値評価の重要性がリアルな形で浸透していったわけです。

小山　Ｍ＆Ａのような極めて金融市場的な取引、いわば実務的な領域からの要請として一見フワッとしていて捉えどころがない「ブランド」というものの「値段」を算出する研究が進んだわけですね。

阿久津　今でもそうかもしれませんが、当時の経営者にとって「会社をいくらで売った」「いくらで買った」ということが、株主に評価される一つの大きな判断基準になっていたわけです。そういう状況だと、自分の会社がいくらで売れるのか、相手の会社をいくらで買うべきかを考えなくてはいけない。それを考える時に、ブランドマネジメントの知識がないと判断が難しい。さらに、なるべく高く会社や事業部を売るためにも、企業ブランドの価値向上の手法としてのブランドマネジメントの能力が求められた。

一方で、アメリカのＰ＆Ｇや、ヨーロッパならユニリーバのような消費財メーカーは、製品ブランドのマネジメントにすごく力を入れていて、そちらもブランドマネジメントが注目される背景として存在していました。ですから企業ブランドと製品ブランドの両方から、科学的なマネジメントのニーズが高まったというのがアメリカの流れです。

他方、ヨーロッパは、先ほど言ったように日本などの状況に近く、どちらかというと伝統技能としての〝のれん〟を家督として継いでいくような形で発展していきましたが、日本よりも一足先に科学的なマネジメントの対象とするようになりました。

日本型ブランディングの再評価へ

小山　日本の状況は今も変わっていないのですか？

阿久津　今日では、日本でもブランドのマネジメントを意識して科学的に行いましょうという考えが根付いてきました。ただ、最近、面白い流れが起こっています。最近のブランド研究や実践で世界的に注目されているのは「パーパスブランディング」に代表されるような、企業ブランドに経営理念を象徴させ、それをさまざまなステークホルダーに共感してもらうことを目指すブランディングです。

そんな流れが今起こっているのですが、これはつまり〝のれん〟に代表されるような日本企業の伝統的なブランディング手法に対する再評価だとも言えるんですね。伝統的な日本企業の在り方が見直されてる面もあるといってよいかと思います。

小山　パーパスは「目的」とか「志」などと訳される言葉だと思いますが、それが最先端のブランド論でも見直されている。だとすると、我々のスポーツビジネスの領域に引きつけて考えてもこれは非常に勇気づけられるといいますか、改めて現状取り組んでいる理念や志を大切にしたクラブ運営は、そんなに間違っていないかなと確認できるお話でした。

　スポーツというものは、生活必需品ではありませんし、極論すればスポーツがなくても人は生きていけます。スポーツ観戦に至っては、もっと生活には必要ないかもしれません。すると、じゃあ我々の存在意義はどこにあるんだ？　という話になってきます。

　そこで我々が考えていることとして、一言でいえば地域を活性化するための一つのシンボル、象徴としてのスポーツクラブというものがあります。それを個別に見ていくと、地域の支援企業の数々をリンクしてネットワークを形成するためのハブとしてのスポーツクラブだったり、地域訪問を重ねるなかで生まれる近接性をもって、失われつつある共同体の再構築を目指すなどが挙げられます。それらはいずれにしろ、地域住民統合のシンボルといった理念的な結びつきに行き着くように思います。

逆にいえば一般の方と違って人間の健康増進にはマイナスですらあるトレーニングも行うプロスポーツの存在意義とは、そういう理念的な意思を育み、エンパワーできるところにしかないのでは？　とさえ思うこともあります。そういった意味で、それを理論的に考える思考方法として、ブランドマネジメントの歴史的な経緯と流れはとても参考になりました。

また、まったく別の切り口として面白いと思ったことがあります。第1章の入山先生との対談で、組織論についてお話がありました。そのなかで入山先生が今後の組織の在り方について述べていたのは、理念だったりビジョンに共感した人がメンバーを構成していく方向にシフトするだろうということでした。今はまだカリスマリーダーが組織の中心にいるが、徐々にその中心は人から理念やビジョンへと変化、移動していくのではないか、ということです。

阿久津先生のお話は、その流れが消費者側からも同時に起こってきていることを予期させる内容だったと思います。つまり、商品そのものより生産、製造者への共感へのシフトです。企業の商品を買う、ファンになるといった消費行動がビジョンや理念への共感に基づいて決定されるといえばよいでしょうか。

一方で、日本企業が遅ればせながらブランドマネジメントの発想を取り入れた際、ここまで遅れていた分、もうちょっと意識すべきところも当然あると思うのですが、そのあたりはいかがでしょうか？

阿久津　「売り手によし」「買い手によし」「世間によし」で、「三方よし」という言い方をされますが、そういった部分に関して、日本ではこれまでも意識されてきたんだと思います。特に歴史のある企業はそうやって〝のれん〟を守ってきた。

ただ、その意識はどちらかといえば内向きに強く発揮されていて、外に向かって発信されることはあまりなかった。控えめが美徳だったからかもしれませんが、社会の持続可能性が問われる今、そこで活動をする企業の立場として、社会からの承認が必要になってきます。社会にとって〝善〟、善きこととは何か、それに対して会社がどういう貢献ができるのか、組織としての考え方を明確にして外部に発信し、承認してもらう努力を意識して続けていく必要はあるでしょう。

とはいえ、先ほども申し上げましたが、パーパスブランディングなどの最新理論と、日本の数百年続いてきたブランドを持つ企業が守ってきたものとは、非常に多くの共通項があります。あとは、さまざまなステークホルダーにそれをどう発信していくかでしょう。

小山　そのような日本的な考え方というか、志の高い経営といったものが、ブランディングにつながり、アメリカでも重視されるようになった背景には何があるのでしょうか？

阿久津　現在ではむしろ日本以上にアメリカで、パーパスやそれに基づく取り組みが企業評価の対象にされるようになってきています。ＳＤＧｓやＥＳＧ（環境・社会・ガバナンス）の発想も同じような背景を共有していると思います。２００１年に起こったエンロン事件（アメリカの大企業エンロン社が巨額の不正会計で倒産した事件）が象徴するように、アメリカの場合、これまで日本などとは比べものにならないほど、経営者の自分勝手な行動を見過ごしてきましたが、そうした過去に対する反省や反動もあるかと思いますね。私利私欲に駆り立てられた経営者が率いる企業ばかりでは、もはや環境とかコミュニティがもたないと明らかになってきたということでしょう。

小山　それに対する反省があったということですか。

阿久津　そうでしょうね。そうした背景の中で資本主義の行き過ぎという議論も起こり、パーパスという概念も注目されているんだろうと思います。

ブランドの役割とは何か

小山　我々は京都を拠点としています。京都という街は、〝日本ブランド〟を代表する都市だと思うんですが、我々がアカデミーでの育成教育やスポーツ大会、あるいはクラブそのものを世界に展開していくうえでは、日本ブランドというものをよりわかりやすく印象づけてくれる街だなとも思っています。都市とブランドの観点ではどのようなお考えをお持ちですか。

阿久津　ブランドの重要な目的の一つに、市場における他との差別化があります。他とは違いますということを発信しつつ、いったんそれを経験したら「本当によかった。次もこれにしよう」と思ってもらう。このサイクルを効率よく展開していくために機能するのがブランドです。

例えば、海外からの旅行者にとって、長らく日本の皇室が居を構えた古都である京都は、とりわけ日本の伝統的なイメージを象徴した都市に感じられるでしょう。その意味で、京都は差別化されたイメージを持っている。そして、一度京都を訪れてその情緒あふれる雰囲気やおもてなしを体験したら、また来たいと思う人も少なくありません。その体験は、京都ブランドの連想として旅行者の心のなかに蓄積されていくわけです。

小山　一方で、老舗の企業からは、皇室が東京に移転して以降は、お得意さんや周辺の伝統企業も東京に流れてしまったような話もお聞きします。やはり栄えている場所や地域のほうがブランドになりやすいのでしょうか？

阿久津　お得意さんや周辺の伝統企業が東京に流れてしまったのは、たぶん皇室が東京に移転してしまったからというよりは、首都が東京になって、ビジネスの拠点としてそちらに移転したほうが都合がよくなったからだろうとは思います。老舗の料亭などのお得意さんって、企業のお偉いさんとかでしょうからね。首都にあるほうがブランドになりやすいかというと、一概には言えないと思います。

　地域や都市のブランドというのは、その地域や都市に関する見聞や直接体験を通して得た「知識」を溜めておく「器」のようなものです。その意味で、旅行者にとっての京都ブランドとは、先ほど小山さんがおっしゃっていた生活必需品ではないし、それはつまり「経験価値」をもたらしてくれる贅沢なものでしょうね。スポーツもそういう意味では似たようなところがあって、娯楽って生活に余裕があるからできるもので、それを経験することに価値がある〝贅沢〟なものと捉えることができますね。

　そして、ありがたいことに日本では少なくとも江戸時代にはもう、庶民も娯楽を楽しめる豊かな社会を築いてきました。そうなった時、娯楽っていうのはブランド化されることが多いように思います。機能的な価値より経験価値のほうが、言葉で表現したり価値を可視化したりするのが難しいから、そうしたものの器としてのブランドが効果を発揮する。歌舞伎や相撲のファンにとって、歌舞伎役者や力士は経験価値をもたらしてくれるブランドであるわけです。

　また、相撲の「タニマチ」などのように、裕福な人たちが娯楽に対してスポンサーするという形態は昔からあるわけですが、それは自分の趣味趣向をはじめ、立場や考え方を守ったり推し進めたりする行為ですよね。誰を「推す」のか、何を支えるのか、という判断に、彼らのモノの見方や考え方が反映されるわけです。つまり何かのスポンサーになることは、自分たちの価値観を顕在化させる行為と捉えることができますね。

アイデンティティへの共感

小山　生活必需品ではない何かを買ったり支援したりすることには、自分の価値観が反映されていると。そうなるとやはり娯楽が繁栄した場所のほうが、ブランドを生み出す確率は高くなりそうですね。ちなみに、例えばサッカークラブをスポンサーする際にはどういった価値観の反映になるのでしょうか。

阿久津　サッカーというスポーツは、みんなが見たりやったりして楽しんでいるわけですよね。すなわち、多くの人に魅力的な「経験価値」を提供してくれるものです。それを支援する動機というのは、単純にサッカーが好きだからに始まって、サッカーを守りたいからとか、それをやっている誰かを応援したいからとか、様々でしょう。

一方で、支援の動機にはそれほどかかわらず、サッカーを支援することによって得られるメリットとしては、スポンサー名の露出機会の増加に伴う認知の向上のほか、魅力的な経験価値を提供するサッカーが持つ連想があります。例えば、楽しさや感動、一体感や共感といったものとスポンサーが、何らかの連想の連鎖でつながることがあるわけです。

また、応援の動機によっては、スポンサー側が積極的に発信することによって受けることが可能になるメリットもあります。例えば、スポンサーの会社が掲げている理念など、抽象的で目に見えない漠然としたものが実際には何を意味しているのか、それが実際のスポンサー活動を通してわかりやすい形で具現化され、可視化される効果もあります。その場合、「人々の生活文化を潤い豊かなものにする」といったような会社の理念を具体的に実践することによって、社内の士気を高めたり、会社の好感度を上げたりしようという動機があって、その一環としてサッカークラブのスポンサーになるわけで、スポンサー側はその動機を明確に発信していくことになりますね。

小山　ということは、例えば我々のクラブなどのスポンサーになってくださる企業さんは、ブランディングをしているのであり、一つの価値観の表明でもあるのでしょうか。

阿久津　そうですね。ただ、かつて日本では「計算高い」印象を与えてしまうことなどを考慮して、あまりブランドというものを前面に出すことを好まない企業も少なくなかったんですよね。そうした企業は見返りなんて期待していないというスタンスを示すことも多く、「スポンサーにはこういうメリットがある」という話は、なかなか公な話として伝わってこないんですよ。

一方で、サッカーがさして好きでもないし興味もあまりないけど、会社の認知や好感度を上げるのに比較的メリットがありそうだからサッカークラブのスポンサーになってみる企業も、そこそこあったように思います。特に景気がよかった時、ちょっと古いですけど例えばバブルの時、そんな企業が多かったような気がします。

とはいえ、人々はやはり物語の整合性を考えますから、サッカーなどのスポーツの価値に共感するから、アイデンティティのある地元のクラブを応援したいから、といった理由でスポンサーをするほうが、受け入れられやすいだろうと思います。そこには、スポンサーをしている動機に対しての共感もあるからです。

小山　藤枝は400以上の株主たちに支えられたクラブでしたが、そのうちの6割ぐらいはサッカーに興味がない方々だったんです。ただ、プロサッカークラブは地域創生のためのツールであり、「フットボールは大人を子どもにして、子どもを大人にする」という有名な言葉があるように、そういったアカデミーを通じた人間形成、教育水準の向上に資するものなんです、といった理念を説明すると、そこに共感してくださり出資者になってくださいました。

　また、その共感があったゆえに、出資だけでなく毎年合計2億円弱のスポンサー支援も各企業からいただいてました。これは藤枝がブランドだったと考えていいのですか？

阿久津　それは藤枝がブランドだったとかブランドではなかったという捉え方をするよりも、株主さんたちは藤枝の理念に共感したからスポンサーになったということで、その理念を象徴するものとして藤枝というブランドがあったと捉えるべきではないでしょうか。

小山　なるほど。だとするとやはりブランドというのは実態がつかみにくいなとも思ってしまいますが、一体、ブランドって何なんでしょうか？

阿久津　ブランドって、一言でいえば記号なんですよ。でも、なぜ記号に価値があるかといえば、何らかの価値あるものを象徴するシンボルだからです。そして、シンボルだからこそ、じゃあ何を象徴しているのかということがすごく大事になるんです。

ブランド価値の源泉はどこにあるのか

小山　記号であるブランドが何を象徴しているのか。そこがやはり重要だとして、それってやはりわかりにくい部分でもありますよね（苦笑）。

阿久津　そうですね。確かにこれは混乱しやすい部分であり、だからこそ、それを整理して明確にしたアーカーの「ブランドエクイティ」という概念がビジネスに役立つと評価された理由でもあるんです。ブランドエクイティの研究が広まる以前から、ブランド資産とかブランド価値という言葉は使われていたのですが、そこで言う資産とか価値の源泉は一体何なのかについては必ずしも明確でなかったんです。ブランド価値の源泉とは何か？　それがよくわからなかったわけですよ。

小山　はい。大本となる価値の源泉とは何か？　ってなると、よりイメージしにくいです。

阿久津　そうですか……（苦笑）。価値の源泉は一つではありません。まず、ブランドの認知が挙げられます。ブランド認知とは、簡単に言えば、そのブランドの名前やロゴを見たり聞いたりしたことがあるか？　知っているか？　ということです。そもそも「認知」されていない状態だと価値を持ち得ません。「まず知ってもらう」ことがとても大事なんです。TVや雑誌をはじめ、サッカーでいえばユニフォームやサッカー場に掲示する看板もすべて、スポンサーにとっては認知向上のためのメディアです。

「この会社のロゴ、どこかで見たことある」とか「この会社の名前、たしか聞いたことある」といった最低限の認知が達成されてはじめて、そこに何の意味があるのか、何を象徴しているのかといった次の段階に進めるわけですが、スポンサーの動機として、この「とりあえず、知ってもらいたい」、認知を高めたいという動機づけが大きすぎて、その後の話をしてもなかなか理解してもらえないということは十分あり得るだろうと思います。

小山　なるほど、いずれにしてもやはり「認知」からなんですね。認知向上という点では、地域密着のサッカークラブのメディアとしての有効性を示す事例として面白い体験をしました。

　少しブランド論から離れて広告効果の話になってしまいますが、Ｊ３藤枝を経営していた時代、ユニフォームの胸部分に広告掲示するスポンサーになってくださった住宅メーカーがありました。結果的にそのメーカーは胸広告により、大変なスポンサー効果を得たのですが、その大きな理由は藤枝市役所にＪ３藤枝のユニフォームが掲示されたからです。市役所での露出により認知が高まり、公務員のお客さんがとても増えたと。

　地方の住宅メーカーにとって、地域の公務員の方々は上客らしいんですね。なぜなら地方自治体とは地域における最優良企業の一つで、そこの正規雇用職員はやはり見逃せない顧客層だからです。公務員同士でご結婚されているダブルインカムのご家庭も多く、また大手企業の支社勤務と違って定住することがほぼ確実。メーカーは経済的に住宅を安心して売れる、買い手は居住条件として安心してその土地に買えると、理由が揃っているんですね。そのため彼らにリーチする方法の一つとして、その住宅メーカーは藤枝のスポンサーになった。藤枝のユニフォームはそれ以前から市役所に掲示されていたので、そこに目を付けてもらったのだと思います。

結果的に公務員の方々は勤務先である市役所で毎日我々のユニフォームを通じて、その企業の名前を見ることになりました。また、地元のサッカークラブを応援するために、少なくない資金を援助しているんだから、このメーカーは安心できるという信頼もユーザー間には醸成されたそうです。確かに地方自治体で働く方にとって、地元のスポーツクラブへの貢献は企業イメージを形作る重要なベンチマーク指標になるでしょう。

結局、そのメーカーさんはスポンサーをしていた3年ほどの間に、売上を倍増させたのですが、もう藤枝周辺エリアの潜在顧客は開拓し尽くしたということで、今度は別の地域を重点的に開発することになりました。その結果、「ありがとう小山くん、いつかあっちの新規開拓エリアにクラブを作ることがあったら、また絶対協力するから!」と言い残しスポンサーをやめてしまいました（苦笑）。そんな嬉しさ半分、悲しさ半分のエピソードでもあるのですが、認知ということでは地域密着クラブが果たせる可能性の高さを感じる事例でした。

阿久津　これはすごくわかりやすい例で、ブランドエクイティの概念を考えた際には「認知」がまず初めに来て、次に「連想」があるんです。この例のように、「サッカーチームのスポンサーをするほど資金力があるなら安定した会社なんだ」など、消費者は色々なことを自ら推論しながら、その会社について連想を広げるわけですが、この「連想」こそが「認知」の次にくるブランド価値の源泉というわけです。

もちろん、「あの会社は信用できない会社だ」といったマイナスの連想もあるので、連想なら何でもブランド価値の向上をもたらすわけではありません。そこで知っておきたいのは、どんな連想がブランドの価値を向上してくれるのかだと思います。

小山　はい。

脳内に生まれる「認知と連想」

阿久津　次に知っておきたいのは、その連想はどのようにして生まれ、どこに保管されるのかです。例えば、お菓子のブランドにとって、「おいしい」という連想はブランドの価値を向上してくれるものだと思います。で、その連想は、そのお菓子を食べてみての感想として生まれるものであり、お菓子そのものの価値に起因する連想と言えます。一方、このお菓子は皇室御用達《ごようたし》だという連想もブランドの価値を向上してくれるものだと思いますが、その事実を知らせるニュースによって生じるものであり、お菓子そのものではなくその背景情報に起因する連想です。そのお菓子を食べれば、おいしいかどうかはわかりますが、それだけでは皇室御用達かどうかはわかりません。

おいしいという連想は基本的にお菓子という製品そのもののマネジメントによって生み出すものですが、皇室御用達のような連想は製品のマネジメントを超えた広報やマーケティング活動によって生み出されます。だから、製品という枠組みを超えたブランドという枠組みで管理したほうがよい。

先ほどの「認知と連想」は、どちらも人の脳内活動によって生み出されるもので、手で触れられる有形のものとしては存在しません。ブランドが存在するのは、人の心の中もしくは脳内です。二つ合わせて、私は「心脳《しんのう》」と呼んでいます。その「心脳」にブランドの「認知と連想」は存在する。つまり私たち人間一人ひとりに内在するわけです。製品価値の源泉は製品そのものの中にあるという理解とは対照的に、ブランド価値の源泉はそれを問う私たち一人ひとりの中にあるという理解になります。

藤枝の事例に引きつけていえば、スポンサーだった住宅メーカーさんからすると、自分たちがビジネスをしている地域と全然違う地方に住む小学生が藤枝の試合を見てその住宅メーカーさんの名前やロゴに触れても、ほとんど意味がないですよね。しかし営業地域の、市役所や学校の職員という潜在顧客にピンポイントで会社を認知してもらったり、よいイメージを抱いてもらったりすることができたから、彼らはビジネスで成功した。その時、住宅という彼らの製品そのものは何も変わっていないわけです。ブランドマネジメントの観点からは、誰の心脳の中にどんな連想を持つブランドを構築するのかまで考え、広告やスポンサーの仕方を決めてしかるべきということになります。

小山　すると、ぼくらの立ち位置、つまりサッカークラブはどういう存在になるんですか？サッカークラブがブランド価値を持っているということでしょうか？

阿久津　先ほどの事例で問題になっているのは、藤枝というサッカークラブのブランド価値が高いか低いかではなく、スポンサーである住宅メーカーのブランド価値を、そのメーカーが望む形で高めることができる「メディア」であるかどうかです。だから、その住宅メーカーさんにとって、小山さんが掲げていた地域へ貢献したいというミッションやビジョンは、スポンサーをするかどうかの判断にあまり関係がなかったわけです。

小山　え、そうなんですか？

阿久津　あまり関係がなかったと思います。住宅メーカーは、彼らの顧客層の人たちに会社を知ってもらい、よい評価をしてもらうためのメディアを探していたのだと思います。費用対効果も考えたうえで、最適なメディアを探していた。

小山　それが地元のサッカークラブだったと。

阿久津　そうです。ただし、「ここをスポンサーしているのだから、ちゃんとした会社だ」という見た人の推論からの連想が生まれるためには「ここ」、つまりこの事例でいえば藤枝というサッカークラブがちゃんとしていないといけない。きちんと運営されているクラブである必要性はもちろんあったわけです。そういう意味では、小山さんが掲げていたクラブの立派な理念は関係していたわけですが、あくまで間接的な関係に留まっていますよね。

小山　なるほど、大変勉強になります。

既存のスポーツクラブはもっと尖れるのでは

小山　ここまでは主にブランド論の見地からいくつか検討いただいて、新しい発見がたくさんありました。一方で先生は大手アパレル企業などの社外取締役としても活躍していますが、そこでのお立場とは経営全体を見る役割が求められるのでしょうか、それともやはりブランディングの見地からアドバイスされているのでしょうか?

阿久津　社外取締役とは一般株主の代理人的な位置付けなんです。一般株主から見て会社の価値を毀損するようなことをしていないか、会社の経営をモニターすることが第一義的な役割として期待されます。なので、まずはその役割をできる限り果たそうとします。自分の専門知識がある領域においてはより入念に、会社が適切に活動しているかどうかをチェックします。いわば、クルマのブレーキを踏むような、守りの役割ですね。
一方で、特に日本企業では、専門知識を有する社外取締役に対して、アクセルを踏む方、つまり、戦略の立案や実践における助言といった攻めの役割が期待されることも少なくありません。そのため、取締役会では社外取締役としてのチェック機能をしっかりと果たし、一方で戦略会議などでは経営陣と議論して特に専門知識を有する分野では積極的にアイデアを共有したりアドバイスしたりしますね。

小山　なぜこのような質問をしたかというと、既存のサッカークラブはもっと株主やスポンサー企業などの持つ専門性を活かした人材育成ができるのではないかと思っているからなんです。例えばドイツのブンデスリーガのホッフェンハイムは世界的なソフトウエア企業であるＳＡＰが親会社である特性を活かして、データ分析の領域で大きな成果を挙げ躍進したと言われています。しかし日本ではまだそういった連携がそんなに多くないと思うんです。
以前、Ｊリーグクラブを将来的に持ちたい意向のある上場企業の社長さんと話した際、そこはＩＴ系の企業だったため、いっそユースでプログラミング言語も学べるアカデミーを起ち上げましょうよ、という話で盛り上がりました。せっかくプログラミングのプロがたくさんいて、自分の会社でサッカークラブを持っているとなったら、自分の専門知識を人に教えるという形で選手と交流したい人もいるはずです。むろんサッカーに興味がある人だけかもしれませんが。しかし実際には、そういった形で選手やアカデミーの生徒たちに、自社の強みを活かした体験だったり教育を提供できている企業はほとんどないはずで、あっても数が限られていると思います。

　リクルート出身で、東京都杉並区の中学で東京初となる民間出身校長を務められた藤《ふじ》原《わら》和《かず》博《ひろ》さんが提唱していた「よのなか科」という総合学習授業があります。ぼくはアレを面白い試みだなと思っていて、昔から関連した書籍などを拝読しているのですが、いくつもの業種にまたがった企業がスポンサーとして名を連ねるＪリーグのクラブは、ある意味「よのなか科」で実践されている社会体験学習機会を提供しやすい環境だとも思うんです。それゆえに出資者や支援企業の専門性を活かした人材育成や、独自のクラブ経営という在り方に興味があります。

　そこで、あえて突拍子もないことを質問させていただくと、例えばブランド論に強みを持つ経営学者である阿久津先生が、Ｊリーグクラブを持つとしたら、どんな実践をするのでしょうか（笑）。

阿久津　そもそも論で返答しちゃって申し訳ないのですが、私は小山さんのようにスポーツで世界を変えたいとか、より社会を豊かにしたいといったビジョンが少なくとも今はまったくないから、Ｊリーグクラブを自分が経営するイメージが全然浮かびません（苦笑）。

私がクラブ経営で役割を果たせるとしたら、小山さんのビジョンのもとでクラブが運営され、そこにより多くのスポンサーやパートナーが付くためには何が必要であるかとか、チームのレベルを前提に何から手を付けていくとブランド価値がより効果的に上がるのかとか、マーケティングやブランディングの専門知識を活かして、関連課題の解決に協力していくといった感じでしょうかね。

ブランディングの成否は目的が達成できているかで決まる

小山　クラブのブランド価値をどこに見出すかという点では、藤枝でサッカークラブを起ち上げるにあたって、考えていたことがあります。それは母校でもある藤枝東高校の歴史は一つのブランドだということです。藤枝東高校は開校１００年に迫ろうかという歴史のある高校なんですが、初代校長である当時44歳の錦織《にしごり》兵三郎《ひょうさぶろう》先生が、着任時、最初にしたことがサッカーを「校技」に据え、石ころだらけの校庭を開墾し、竹と針金で手製のゴールを作ることだったそうなんです。

つまり日本でも有数のサッカーの歴史を持つ高校で、それが藤枝イコールサッカーの街というシンボルの役割を担ってきた。先ほどの話に引きつけていえば、そのシンボルであり記号性がブランドだと思いました。

阿久津　なるほど。サッカーで語られる藤枝東高校の歴史が、サッカーの街を象徴する藤枝ブランドを生み出したということですね。そこで重要だったのが、先ほども申し上げたビジョンなのではないでしょうか。やはり錦織先生には教育のビジョンがあって、そのビジョンを具現化するため、つまり教育であり人間形成にサッカーが有用だと考えたということですよね。

小山　その通りです。錦織先生は「進取の気質」、「連帯共同性」などをサッカーというスポーツに見出し、「至誠一貫、新興の意気を発すべし」との理想を達成するのにサッカーが適していると考えたと言われています。

阿久津　想像ですが、開校してまもなくですから、学校の規模も大きくないし、資源を割ける分野も多くはないはずですよね。それでサッカーというスポーツに絞って、それを徹底することによって理想を実現しようと錦織先生は思われたのではないでしょうか。まさに、理念や理想に牽引されて学校の歴史がつくられたのかなと。

先ほど、もし私がクラブを経営したらという質問に答えられなかったのは、そこが欠けているからです。サッカークラブを経営する目的は、サッカーを通じて人を育てることだったり、金儲けだったり、自分の趣味や子供の頃の夢の実現だったり、いくらでもあり得ます。そしてその目的の違いによって、経営の仕方も当然変わってくると思うんですよ。

小山　目的、いわゆるパーパスによってやり方が変わるとして、それはブランドとはどのように関連してくるのでしょうか？

阿久津　錦織先生による藤枝東高校の運営を牽引したのは、錦織先生の教育理念であり、理想でした。「サッカーを通じて質の高い人材を輩出する」ことは、藤枝東という組織のパーパスもしくはミッションという概念で捉えることが可能でしょう。

それをブランドマネジメントの観点からみれば、藤枝東という組織ブランドが象徴する組織のパーパスがどれだけ達成されたのか、内外の関係者（ステークホルダーという言い方もします）による評価が重要になってきます。当然その評価は、客観的な指標に強く影響されるでしょうが、それがすべてではありません。

藤枝東は小山さんの在学時にも、サッカー日本一を達成していて何度も全国制覇した名門高校だという話は以前伺いました。全国大会で何位だったか、それは重要なことですが、一つの客観指標に過ぎません。サッカーを通じて質の高い人材を輩出しているかどうかの判断は最終的には主観的なものですし、それに影響を与える客観的指標もかなりの数あるだろうと思います。

小山　パーパスあるいはミッションの達成がブランドマネジメントの本質だということですね。

阿久津　そうですね。ただ、パーパスやミッションはかなり抽象的なので、必然的にブランドの評価軸も多面的になります。核となる目的の達成に影響を与える副次的な目的がいくつもあるからです。したがってブランドマネジメントの現場では、副次的な目的の達成に係るブランド価値を測定する必要が出てくるような状況はしょっちゅうです。

例えば、「人材の質を上げるために教育を充実させる」という目的を達成させるためには、「寄付を募る」や「よりよい学生に受験してもらう」といった副次的な目的を複数設定することができますが、それぞれの文脈でブランド価値は異なってきます。まず誰にとってのブランド価値かという点で、「寄付を募りたい」場合は卒業生や地元企業の心脳にあるブランド価値を考えなければいけません。一方、「よりよい学生に受験してもらいたい」場合は受験生やその保護者の心脳にあるブランド価値を考えなければいけません。しかも、それぞれの文脈で、対象者がブランド価値を考える際の評価軸も異なるでしょう。

要するに、同じブランドでも、ある文脈では価値が高いけれど別の文脈ではそれほどでもないということは、ブランドマネジメントにおいてよく起こることなのです。ですから、ブランド価値を測定する際には、どういった目的を達成するために測定するのかを明確にする必要があるんです。

「魅力度ランキング」を気にしてしまう理由

小山　ブランドの価値を測定する際には目的が明確にされている必要がある。そう考えると、少し既存のサッカークラブは曖昧なような気がします。ぼくも含めてブランドという言葉を安易に使いすぎているかもしれません。

阿久津　サッカークラブの場合、一般的には知名度があるとか、強い弱いでクラブを評価するわけですよね。その価値基準に沿ってブランド価値があるとかないと考える。少し大雑把ではありますが、通常の会話レベルならそこでブランド価値という言葉を使用してもさして問題があるとは思えません。クラブの知名度や強さは誰が見ても明らかな価値基準なので。

　しかし、効果のあるブランド戦略を考えなければならない状況となると話は違います。そういう状況でそんな大雑把な話に終始していては、なかなか費用対効果の高い戦略はできません。

　例えば、先ほど藤枝のスポンサーだった住宅メーカーのお話がありましたが、もしそれがお菓子メーカーだったら、スポンサーになることのメリットを提供するために必要な藤枝のブランド価値は何になるでしょうか？　それは必ずしも住宅メーカーにとっての藤枝のブランド価値とは同じものではないでしょう。

　かの住宅メーカーさんにとっては、会社名がプリントされた藤枝のユニフォームが藤枝市役所に飾ってあることが重要でした。そのためには、藤枝は強く、藤枝市民の誇りを象徴するブランドであることが大切だったように思います。一方で、お菓子メーカーにとっては、藤枝が強いことよりも、関連アカデミーに何万人もの生徒がいることのほうが重要である可能性が高い。お菓子を買うお客さんである子どもたちにリーチできるメディアとして、関連アカデミーの信頼感を象徴する藤枝ブランドのブランド価値のほうが、スポンサーメリットとして説得力があるだろうからです。つまり、スポンサーになるメリットを提供するために藤枝ブランドが持つべき価値は、スポンサー候補企業一社一社ごとに変わり得るということです。

　とはいえです。何社もあるスポンサーに対して一つひとつ異なるブランド価値をアピールしようとすれば資源が分散されて効率が悪く、あまり現実的ではない。とするとやはり、「強い」というのはわかりやすく、知名度にもつながっていくので、とても大切なブランド価値の源泉であることは間違いないですよね。

でも、もう一つくらい、スポンサー候補にアピールできるブランド価値の評価軸があったらいいなと思うわけです。そこで着目したい評価軸が、やはり地域性ですね。地域密着サッカークラブであれば、この軸でブランド価値をアピールできる。少なくともその地域で知名度を上げたい企業であれば、「ウチのクラブは地域内における認知度は非常に高いので、スポンサーになれば確実に御社も知名度が上がりますよ」という提案はできるはずです。

小山　今日阿久津先生にお聞きしたかったことの一つがまさにそれで、都市とブランディングの関係についてと、そこにサッカークラブがどんな影響を与えるかなんです。

阿久津　都市とブランディングといえば、都道府県レベルの話にはなりますが、民間調査会社であるブランド総合研究所の「都道府県魅力度ランキング」の結果が発表される度に、最下位付近にランキングされた県の知事が相次いで怒りの反応を示す姿が、ニュースになっていますよね。

ランキングのもとになっているのは「地域ブランド調査」で、47都道府県と国内1000

の市区町村を対象に、認知度や魅力度、イメージなど全89項目（２０２１年）からなる調査です。それなりにきちんとした内容と手続きの調査ですが、実際に最下位付近になってしまった県の知事は「こんないい加減な調査はけしからん」と疑問を呈すわけです。まあ、誰が見ても納得のいく調査っていうのは、ごくごく一部を除いてブランドの世界ではなかなか難しいのだと思います。

一方で、このニュースは私たちに興味深い洞察を与えてくれます。もし、この調査が本当にいい加減なものだと思うなら、放っておけばいいわけです。ですが現実にはそうはならず、ある知事は激しくお怒りになり、法的措置すらほのめかす。なぜでしょうか？

小山　確かになぜなんでしょう。

阿久津　それは、無視できない理由があるからだと思います。この調査はかれこれ20年近く行われています。ここまで続くと、もはやこの指標を参考にして投資や移住などの意思決定をする人も少なからずいるはずです。実際にその結果が企業投資や転出入者の数に影響を及ぼしていても不思議ではありません。

また、ブランド価値の源泉であるブランド連想は、最終的にはその人の主観によるもので、評判に少なからず左右されます。客観的な調査手法の妥当性などにかかわらず、それなりに影響力のある調査であれば、予言の自己成就に似た効果を持ってしまう。「この県は魅力がない」と言われてしまうと、みんながそれを聞いて「あ、この県は魅力がないのか」と思ってしまい、投資が減ったり過疎化が進んだりして、本当に県の魅力が下がってしまうことが予想されるわけです。実際、歴史上、金融機関の取り付け騒ぎなどは、デマが引き金になっていることも多いんですよ。だから、いずれにせよ無視できないということになるわけです。

小山　なるほど。数字が一人歩きして、結果的に本当にブランド価値が下がってしまうことすらあるわけですか。だとしたら、そこでサッカークラブはどう関わればよいのでしょうか？　なかなか転入者を増やしたり企業投資を呼び込むまでに至るのは難しい気がしますが。

スポーツの力で都市ブランドは高められるか

阿久津　まず、地方自治体の首長の方々が都道府県の魅力度ランキングを気にされているだろうことがわかりました。ある意味、そうしたランキングが首長さんの通信簿のような機能を持っているのだと思います。であるなら、地域の魅力を高めるためにサッカークラブが役立つことが示せれば、サッカークラブは地方自治体にとって価値ある存在になれるということです。

小山　確かに、スポーツを通じたコミュニティの生成などは我々の事業以外にもすでに多くの成功事例があります。

阿久津　次に、魅力度ランキングは、地域ブランド調査から得られる全89項目に及ぶ詳細なデータに基づいており、サッカークラブがランキングに何らかの影響を与えるには、仮に転入者を増やしたり企業投資を呼び込んだりはできなくても、どこかの項目で評価を向上させることができればよいということになる。それが示せれば、地方自治体にとってのサッカークラブの価値は明確になるわけです。

そういった調査を元にすれば、地域がサッカークラブを持ち、それを発展させると「この項目の数字がこれだけ上がる。だけど、こっちの項目はJ2まで昇格しないと上がってこない」とか、「こっちの項目はJ3でもこれだけ上がる」とか、そういった具体性を伴って地域がサッカークラブを持つことの価値が見えてくるはずなんですよ。

小山　面白いですね。すごく説得力があります。

阿久津　こうした調査のデータを分析していく際には、同じ人口規模、経済規模でJリーグクラブのある街とない街を比較してみたりするといいでしょう。値に有意な差があった項目は何か、それはなぜなのかと考えていくんですね。

　ただ、その際には疑似相関に気をつけなくてはいけません。クラブが存在するかどうかがその項目の値の差異を生み出しているのではなく、別の要因、仮にそれを「Z」と呼びましょう、Zが差異を生み出してはいるが、そもそもクラブが存在できてる理由自体が「要因Z」によるものだったということもありえます。すると、要因Zを特定しないと、あたかもクラブの存在がその項目における値の差異を生み出しているように見えてしまうわけです。

　例えば、クラブがある地域のほうがない地域より税収が有意に高かったとしましょう。でもそれは、その地域にクラブがあったからではなく、大企業が多く存在しているから税収が高かったわけで、同時にそれらの大企業がクラブのスポンサーになっていたとすれば、クラブの有無と税収の相関は大企業の有無による疑似相関に過ぎないことになります。クラブのタニマチでもある超大企業が地元に多かったりすると、そういう疑似相関がみられるかもしれません。

また、因果の方向についての推論も注意を要します。時系列でない一時点でとったデータの分析からわかるのはあくまで相関関係であって因果関係ではありません。元々その市町村が豊かだからインフラも発展していて魅力があり、それゆえにサッカークラブも存在しやすい。こういうケースでは、単なる相関関係からクラブの存在が市町村を豊かにするという因果関係を安易に想定してしまうと、事を見誤ることになるので気をつけてください。

小山　実際にデータを計測した結果、Jリーグクラブがある街とない街であまり差がなかったらショックですね（笑）。

阿久津　まずはデータを分析してみたいものです。まったく違わなかったらショックだろうけど（笑）。ただ、私の直感では、こういった、地域の魅力や住みやすさなどを統計的に正しく、多岐にわたる項目で調査した場合、どこかの項目で意味のある差異が見つかるんじゃないかとは思います。総合評価では同規模の街と同じでも、個別では明らかにＪリーグクラブを持つ街が高スコアをあげる項目はあるだろうと思いますよ。

小山　すごく面白い話だなと思って聞いているのですが、こういう話は先生にとっても面白い話ですか？

阿久津　ブランドマネジメントの実務としてすごく面白いと思います。理論的な新しい発見がそこにありそうかといえば、そうでもないですが……。これをもし実践したら、理論を実務に応用して実際に役に立つ結果が出るだろうな、と思います。

小山　日本サッカー界にとっても力強いお言葉がいただけたと思います。

エンターテインメント業界のブランディング

小山　ところで、先生から見て、ブランディングに成功しているなと感じる国内のプロスポーツチームはありますか？　もちろん正確なお話をいただくには、データに基づく厳密な調査が必要となってくるでしょうから、一般論としてで構わないのですが。

阿久津　そうですね。個人的な印象だけだと相当バイアスがかかってしまうので、その取り組みが広く報道されている事例を中心に考えると、やはり横浜ＤｅＮＡベイスターズなどはマーケティングやブランディングの手法を上手く使って成功しているケースだと思います。

小山　確かにＤｅＮＡが買収してからの観客動員の伸びなどは目を見張るものがありますね。

阿久津　ポイントはベイスターズがあまり強くなかったことです。強くないにもかかわらず収益が上がるということは、ブランディングやマーケティングによほど成功したのだろうと考えられます。

プロスポーツというのは、つまるところエンターテインメントビジネスだと思っています。コアファンを作って、さらに一般のライトな層まで取り込むためには、かなり外向きの経営をしていかないといけない。なので、スポーツ業界はブランディングがとりわけ重要な業界の一つだと思います。

小山　確かにファン抜きにプロスポーツは成立しません。

阿久津　それにもかかわらず、これまでは親会社依存だとか、自治体の補助など、現代のグローバルな基準で見た時には少々異質な経営がなされていたプロスポーツ組織も多かったのではないでしょうか。そこに気づいて、いち早く力を入れて取り組んだ例がベイスターズなんだろうと思います。そしてこういう事例が増えてきたことにより、業界全体としてもグローバル基準に移行していく流れができたのではないでしょうか。

小山　プロ野球のお話が出たので、ちょっと先生にブランディングとの関連をお聞きしたい事例があります。我々のグループのアカデミー＆スクール事業を行っている会社は、あるプロ野球球団のスクール事業を請け負っています。元々ＯＢ選手などが指導者としてやっていた時代は２００人程度の規模だったようですが、スクール運営のノウハウがある我々が事業を請け負ったところ、生徒が急増し現在は約３０００人が通っています。生徒たちはファンクラブにも入会してくれ、その家族もまた子どもたちが通っているということで、その球団のファンになってくれまして、結果的にこれは約３０００世帯、１万人ぐらいのファンを獲得した効果があるのではないかと思っています。実際、コロナ前はスクールの生徒数の増加に合わせて右肩上がりで球団の観客動員数も伸びていました。こういった事例にみられるファンの増加もブランディングの成果の一つと捉えてしまってよいのでしょうか。

阿久津　それはむしろ典型的なブランディングと言ってよい事例かと思います。また、ファンの持つ影響力を活用したブランディングの実践例としても興味深いですね。ファンビジネスにおいて、コアなファンというのはとりわけ重要です。彼らは口コミでチームのよさを広げてくれるし、トラブルが起こってもサポートする側に回ってくれます。

小山　なるほど。それと、生徒がいつか成長して子どもを持った際には、その子どももまた応援してくれる可能性も高いのではないかと思っています。

阿久津　そうですね。ファンビジネスでは、一度ファンになると、ずっと応援してくれる人が多いと聞きます。ある人が顧客になってから生涯にわたってもたらしてくれる収益の合計を、会社にとってのその顧客が持つ「生涯価値」といいますが、ファンビジネスではこの値が比較的大きいということになります。マーケティングが進んでいる業界では、ほとんどの企業が顧客の生涯価値を意識しています。ファン一人あたりの獲得コストがどの程度で、それに対して生涯価値はいくらなのか。そのバランスを常に見ながら獲得コストをどの程度かけるべきかを考えます。そうしないと、お金をすごくかけてプロモーションしたのに、全然リターンがなかったり、逆にちょっとプロモーションすれば高い効果が得られるのに出し渋ってしまったりといった問題が起こってしまう。現代マーケティングにおいては、不可欠の概念です。

ビッグデータ分析はまだまだ足りていない

小山　この場合、効果はどうやって計測するのですか？

阿久津　最近はビッグデータ解析が主流ですね。ベイスターズなども、相当早い時期からドコモなどのデータを使って分析をしているようです。球団やスポーツのスクールなどは、もしスクール生が子どもの頃からデータをずっと蓄積することができるなら、すごく貴重なビッグデータを手にすることになりますね。そうしたデータを活用すれば、コロナになったら人々の行動がどう変わるのかとか、どういう人々がどんな影響を受けているのかといったさまざまな分析が可能になり、それに対して必要な対策をとることもできるようになるでしょうね。

さて、話を少し戻しますが、エンターテインメントビジネスは、ブランドビジネスのなかでも特に特徴的なのでファンビジネスといった呼び方もされます。米国などのプロスポーツ業界では、ファンビジネスを科学的なマーケティング手法を駆使して実践している企業が多いですが、日本のプロスポーツ業界では、そうした企業は少数派のような気がします。

小山　おっしゃる通りだと思います。先ほど、生涯価値という言葉がありましたが、プロスポーツは一度ファンになったらずっとファンでいてくれる可能性が高いジャンルだと思いますが、一方でJリーグ創設時のように一種ブームのような状態になると冷めるのも早いといったことも起こり得ますよね。

阿久津　そこで有効になると思われるのが、ファンを階層に分けてセグメント化して分析するアプローチです。ビッグマッチだけ見る人からアウェーまで応援に行く熱心なサポーターまで、階層に分けて考える必要があります。現在はものすごく細かいところまでデータを取れるようになったので、こうしたセグメント別分析もかなり詳細にできるようになりました。そうした詳細なデータを使って、ファン獲得コストや生涯価値、離脱率などを算出し、それらを分析して戦略を考えるとよいでしょう。

小山　ビッグデータが手に入るようになったおかげで分析しなくてはいけないことがすごく

増えてきたということですね。

阿久津　そうとも言えますね（笑）。でも、ビッグデータを解析する際には、マーケティングの洞察やセンスも重要になります。例えば、ベイスターズの競合の定義などは秀逸でした。データを分析していくと平日の興行で一番収益にインパクトがあるのが、30代、40代の男性ビジネスマンでした。だとすれば、就業後の時間をどう過ごすか、その選択肢として球場を選んでもらうにはどうすればよいかを考えたわけです。その結果、球場にビアガーデンを作って地元のビールを提供するなどの施策を打っていったのですが、それはライバル球団が競合なのではなく、お酒を提供する飲食店こそが競合だという洞察に基づくものでした。

球場をTOB（株式公開買付）にかけて買収したのも大きく、それによって座席なども顧客のニーズに合わせたものへ改変できるようになりました。大相撲のマス席のようにボックス席を作ってそこで飲み会ができるように改修するなど、お客様に最高のベネフィットを提供するために努力したわけです。ちなみに、週末での競合はテーマパークと考えていたそうで、試合後に光のショーを展開するなど家族全員が楽しめるイベントの実施で対抗していたようです。

このようにデータ分析をマーケティングの洞察と合わせて上手に使うと、効果のある様々な打ち手を見出すことが可能になります。ですがスポーツビジネスの現場では、このような分析を何もしていないところがまだ多い。それに対して、しっかり分析しているところは圧倒的に優位に立てると思いますよ。

ロゴデザインにみられる世界的潮流

小山　我々のグループが保有しているサッカークラブはビッグデータ解析が有効なレベルまで成長していないのが現実ですが、将来に向けて大変参考になるお話だったと思います。ところで、ファンビジネスにおけるブランディングに関連して少しお聞きしたいことがあります。それはデザインとブランディングの関係です。例えばサッカーの世界ですとイタリアのユベントスＦＣが２０１７年に大胆なロゴ変更を行いました。すごくシンプルにチーム名の頭文字である「Ｊ」をロゴにしたわけですが、このような変化からはどういったことが読み取れるでしょうか。

ユベントスFCのロゴ（左：旧ロゴ、右：新ロゴ）

阿久津　まずグローバルな流れとして、シンプルなデザインが評価されている状況があります。その主要な目的は、顧客の裾野を広げていくことです。サッカーチームの場合は今までエンブレム、つまり紋章ですね、これがチームのシンボルとして発展してきました。これはこれでとても格好いいし、特にコアのファンだったら好きな人が多いと思います。ただ、チームのシンボルをファッションのなかに取り入れたりする場合、シンボル自体が複雑なものはそれが難しくなってしまいます。コアのファンではないけど、チームのロゴをちょっとファッションに取り入れたいというようなライトなファンを増やしていく際に、シンプルなデザインのロゴが役に立つわけです。

　わかりやすい例としてＭＬＢのニューヨーク・ヤンキースを考えてみましょう。「Ｎ」と「Ｙ」を組み合わせたロゴはすごくポピュラーで、スウェットシャツなどにこのロ

ニューヨーク・ヤンキースのロゴ

ゴがプリントされた服をミュージシャンが着ていたりしますよね。でもヤンキースには星条旗を模したデザインのシルクハットとバットを組み合わせたエンブレム的なロゴもあります。野球ファンならご存じの方も多いでしょう。

　ヤンキースの場合、一方でチームの理念や歴史を象徴するエンブレムのようなロゴを持ちながら、他方でシンプルなロゴもあるのでグッズ展開などを推進して裾野の拡大も図りやすい構造になっています。このように、複数のロゴを文脈ごとに使い分けるというのが、今のグローバルなトレンドです。ちなみに、このように複数のブランドやその要素を全体として最適にマネジメントすることを目的としたブランド戦略を「ブランドポートフォリオ戦略」と呼びますね。

小山　それゆえにユベントスは思い切った変更をしたとい

うことでしょうか。

阿久津　ユベントスはなかでも一番思い切った変更をした事例だと思います。コアなサポーターや関係者は伝統のなかに生きているので、そこで培ってきた歴史がつまったエンブレムをないがしろにはできないというのが一般的な考え方です。そのなかで、少しずつ原型を崩して裾野を広げていくのが通常ですが、今回は大胆に変更しましたね。

また、このように大胆な変更を行ったケースを見てみると、10～20年単位で組織のパフォーマンスが上がらない歴史が続き、心機一転を図りたい思惑が働いたというものもありました。

小山　確かにユベントスはイタリアきっての名門クラブですが、２００６年に発覚した審判の買収疑惑にともなう懲罰で翌年2部に降格した歴史があります。また事件以降、それなりに復活してきたとはいえ欧州チャンピオンズリーグでは決勝進出が最高成績（２０２１年時点）。一度も欧州王者に返り咲いていません。

阿久津　そういう背景を考慮した可能性もあるでしょうね。また、大きな変更を行うもう一つの動機として考えられるのは、変えること自体がニュースとなるからそれだけで価値があるという判断です。

健康経営とブランディング

小山　ああ、なるほど。確かにその場合は大胆な変更のほうが世論を喚起しますね。ユベントスの場合、もしかするとその両方だったのかもしれません。

ところで、先生は近年、ブランド論に加えて「健康経営」に着目され研究を深めていらっしゃいますよね。ブランドという、どちらかといえば「外向きの働きかけ」と、社員の健康を常に重視するという、やや「内向きの取り組み」となる健康経営。これらはどこで接続していくのでしょうか。

阿久津　ブランドの話というのは、ここまで見てきたように、大雑把にざっくりいえば動機づけの話と捉えることができますよね。

小山　はい。そうですね。

阿久津　すると、小山さんの会社のような夢を追いかける組織には強い動機を持った人たちが集まってくると思いますが、最近では「やりがい搾取」といった言葉も耳にするように、いくら動機が強いからといってすべてを犠牲にして頑張りすぎてしまうことは避けなければいけません。

小山　おっしゃる通りですが、会社を起ち上げた頃を思い返すと耳の痛い話でもあります（苦笑）。今はだいぶ改善されたと思いますが。

阿久津　はい。そうだと思います（笑）。確かに客観的な健康指標を使ったある調査では、〝やりがい〟を持って仕事をしている人はそうでない人よりも炎症反応が低く、免疫も高い傾向を示しました。だから、人はやりがいがあると、健康だし頑張れてしまうんです。とはいえやはり、やりがいが生むメリットは大事にしながらも、睡眠だとかストレスの低減ということには気を遣っていく必要があるだろうというのが健康経営の考え方です。

日本の健康経営は経済産業省が主導して推進していますが、そのきっかけの一つとして日本国内に大きく影響を与えたのがアメリカの製薬会社ジョンソン・エンド・ジョンソンの事例です。彼らの健康経営の取り組みが1ドルに対して約3ドルの投資リターンをもたらしたという詳細な記事がアメリカの有力誌に紹介されたのです。

小山　コスト1ドルに対して3ドルのリターンはインパクトがありますね。

阿久津　はい。それで、その後も健康経営の投資リターンを調査、検証する研究が増えてきています。研究が始まってまだ5年程度しか経っていませんが、実はその初期データをみる限り、それだけのリターンが生まれる背景にはブランドが大きく関連しているんですよ。

小山　どういうことでしょうか。

阿久津　まず、健康経営を実践しようとする企業がやるべきこととして、従業員の健康に対するリテラシーを高めるサポートをし、常に健康に留意している会社であることを内外にきちんと発信することが挙げられます。すると外部からも評価されることによって、従業員はますます健康を意識するようになる。そうすると外から見てもますますよい会社だなという評価になりますよね。

小山　ええ、入りたくなりますよね（笑）。

阿久津　そうなんです。するとまずリクルーティング費用が下がるわけです。それから会社が支払う保険料が下がり、やめる人が少なくなるという効果も出てきます。ただし、ここからが重要なんですが、こういった効果が上がるには条件があって、それは先ほど申し上げたように、内外にきちんと自社の取り組みが発信されている必要があるんですよ。現時点のデータでは、発信がきちんとなされた事例に限って高い効果が生まれています。つまり、ここでもまたブランディングが大きく関連しているわけです。

小山　すごく参考になります。結局、どんなよい取り組みをしていても、それを内外に発信する取り組みとセットじゃないと効果は薄いということですね。

阿久津　どうやらそのようです。例えば小山さんたちのサッカークラブだって、世間全般としては別になくても特に困るわけでもないし、なくていいわけですよね。だけど、小山さんたちは「いやいや絶対あったほうがいいです！」という強い思いがあって起ち上げたわけでしょう？

小山　その通りです。

阿久津　それが小山さん限定の「あったほうがよい！」だけでは世の中への広がりがありません。でも小山さんはファン、サポーター、地域の企業、そして究極的には世界のために、人類のために、あったほうがよいという主張の下にやっているわけですよね。

小山　はい。今の状態では、確かに荒唐無稽に思われるでしょうが、本気で世界から貧困をなくすための装置に成り得ると信じています。

阿久津　そう。そういう広く皆が共感するような理想を実現するところまでウチの会社は突き進むんだっていうことを発信していくべきだというのが、最近のブランドマネジメントの教えであり、先ほどのパーパスブランディングなんです。ですから、倫理的なパーパスというものをしっかり掲げていく必要があります。

「できるだけシンプルに無駄を省き、資源を大切にしていくことが大切で、それがサステナビリティの前提」。そんな考え方が最近の世界では影響力を持っています。そういったなかで、「それでもこれはあったほうがよいのです」と主張するためには、コアとなる理念としてパーパス、それを内外に周知させるパーパスブランディングが大切だということです。

小山　パーパスこそが、とりわけ中小企業や小さな共同体にとって、とても重要だというのは、すごく参考になるお話を聞けた気がします。同時に、スポーツXも、我々がなぜ、こういう取り組みをしているのか。もっともっと成果を挙げながら、より多くの人に説得力ある形で提示できるよう、一層精進していかないといけないことを再認識いたしました。たくさんの勉強になるお話、今日は本当にありがとうございました。

阿久津　こちらこそ、どうもありがとうございました。

あとがき

本書をお買い上げくださり、誠にありがとうございます。今回聞き手役を務めました小山淳です。

先生方の鮮やかな「講義」は、いかがでしたか？

実は本書の大まかな原稿ができあがった際、弊社の読書好きなスタッフ何人かに、まだテキストデータだったファイルを共有して感想を聞いてみました。なかには全く目を通してくれなかった不届き者もおりますが、それはともかく、感想を聞いて大変興味深かったのは人によって一番面白い、一番勉強になったという章が、きれいに分かれていたことです。

本書の掲載順に名前を挙げさせていただくと、ある者は「入山先生の話はシンプルに面白い」と言い、またある者は「松田先生との対談を読んで改めてやるべきことを再認識し勉強になった」と言う。かと思えば「阿久津先生のビッグデータを活用したマーケティングを、早く我々も実践するステージに行かなくてはと焦りました！」と言う者もいました。

自分の会社の社長が対談している原稿の感想を、当の本人が尋ねて回ったところで忖度なしの感想が来るわけないといえばそれまでですが、それぞれ興味を抱いた点がバラバラだったということは、やはり先生お三方の実力が如実に表出した結果であり、どの章からもスポーツビジネスのみならず、現代日本の企業や社会を考えるうえで、大切な発見があった証左ではないかと思いました。読者のみなさまにとっても同様の読書体験があったことを願います。

また、本書にご登場いただいた先生方は本当にみなさん大変ご多忙です。にもかかわらず、私のような聞き手を相手に、このような貴重なお話を惜しみなく開示してくださったことは感謝に堪えません。もし、本書に物足りなさを感じた読者の方がいらっしゃいましたら、それはひとえに聞き手の力不足です。その点につきましては読者ならびに先生方に心よりお詫びいたします。

さて、この文章は２０２２年の２月に書いています。少し前まででしたら、欧州のチャンピオンズリーグは佳境に入り、Ｊリーグは開幕直前、と、サッカー人にとっては期待と興奮にあふれる季節でしたが、依然として世界はコロナ禍を乗り切ったとは言い難い状況が続いています。しかし、今まで我慢に我慢を重ねてきたこの人類の努力が報われた際には、そのエネルギーがまた、スポーツと巨大なシナジーを起こし新たな現象を生み出してもくれるはずです。その際はぜひ、スタジアムのどこかで一緒にそれを五感で受け止めましょう。

最後までお付き合いくださりありがとうございました。本書に関わってくださった、すべてのみなさまに感謝いたします。また、光文社新書編集部の高橋恒星様のご尽力なくして、本書が世に出ることはありませんでした。本当にありがとうございます。

小山淳（こやまじゅん）

スポーツX株式会社代表取締役社長。様々なスポーツクラブの経営に携わる。

入山章栄（いりやまあきえ）

早稲田大学ビジネススクール教授。専門は経営戦略論、国際経営論。

松田修一（まつだしゅういち）

早稲田大学名誉教授。元日本ベンチャー学会会長。

阿久津聡（あくつさとし）

一橋大学経営管理研究科教授。日本マーケティング学会副会長。

弱《よわ》くても稼《かせ》げます シン・サッカークラブ経営論《けいえいろん》

2022年3月30日初版1刷発行

著　者 ―― 小山淳　入山章栄　松田修一　阿久津聡
発行者 ―― 田邉浩司
装　幀 ―― アラン・チャン
印刷所 ―― 堀内印刷
製本所 ―― 国宝社
発行所 ―― 株式会社光文社
東京都文京区音羽1-16-6（〒112-8011）
https://www.kobunsha.com/
電　話 ―― 編集部03（5395）8289　書籍販売部03（5395）8116
業務部03（5395）8125
メール ―― sinsyo@kobunsha.com

R＜日本複製権センター委託出版物＞
本書の無断複写複製（コピー）は著作権法上での例外を除き禁じられています。本書をコピーされる場合は、そのつど事前に、日本複製権センター（☎ 03-6809-1281、e-mail : jrrc_info@jrrc.or.jp）の許諾を得てください。

本書の電子化は私的使用に限り、著作権法上認められています。ただし代行業者等の第三者による電子データ化及び電子書籍化は、いかなる場合も認められておりません。

落丁本・乱丁本は業務部へご連絡くだされば、お取替えいたします。
© Jun Koyama, Akie Iriyama, Shuichi Matsuda, Satoshi Akutsu
2022 Printed in Japan ISBN 978-4-334-04596-8

1157
脳の寿命を延ばす「脳エネルギー」革命
ブドウ糖神話の崩壊とケトン体の奇跡

佐藤拓己

巨大で大食漢な働き者「脳細胞」を長持ちさせる助っ人とは!? ヒトの脳の発達を可能にしたエネルギーとしてケトン体に注目。認知症・うつを防ぎ健康にも役立つ栄養摂取法を考察する。

978-4-334-04564-7

1158
田舎暮らし~~読~~毒本

樋口明雄

田舎暮らしにスローライフは存在しない！ 東京から自然豊かな地方に移住して20年の小説家が満を持して贈る、田舎暮らしのノウハウと闇。本書を読まずして移住するべからず！

978-4-334-04565-4

1159
知ってるつもり
「問題発見力」を高める「知識システム」の作り方

西林克彦

「わからない」を見つけるために「きっちりわからなくなる」には？ ロングセラー『わかったつもり』刊行から16年。今最も求められる「問題発見力」を身につける方法を解説。

978-4-334-04566-1

1160
大下流国家
「オワコン日本」の現在地

三浦展

経済力の低下、人口縮小、ジェンダー格差、メディアの怠慢……この国はどこまで堕ちてゆくのか？ 80万部超のヒット作『下流社会』から16年、最新データを基に再び日本を斬る。

978-4-334-04567-8

1161
名画の生まれるとき
美術の力Ⅱ

宮下規久朗

人間にとって必要不可欠な「美術の力」とは？・「名画の中の名画」から「美術鑑賞と美術館」「描かれたモチーフ」「信仰と政治」「死と鎮魂」まで。美術史家と読む、美術の本質に迫る55話。

978-4-334-04568-5

光文社新書

1162

野蛮な大学論

酒井敏

大学人よ、学問の本道に戻って野蛮さを取り戻せ！「京大変人講座」主宰の京大名物教授が、大学、アカデミズム、教養の本質をズバリ指摘する。豊かな社会のための大学改革論。

978-4-334-04569-2

1163

「問い」から始まる哲学入門

景山洋平

2600年にわたる哲学者の語りあい。そこでは何が問われたのか。なぜ「問い」続けてきたのか――。「問い」の歴史とその意味を知る、不確かな世界を生き抜くための哲学入門。

978-4-334-04570-8

1164

物理学者、ＳＦ映画にハマる

「時間」と「宇宙」を巡る考察

高水裕一

フィクションが未来の科学を導く!?　タイムトラベルから星間飛行まで、物理学者とともに探る一度は夢見たＳＦ世界の可能性。科学の目で見直せば、ＳＦ映画はもっと楽しくなる！

978-4-334-04571-5

1165

くじ引き民主主義

政治にイノヴェーションを起こす

吉田徹

民主主義＝選挙ではない。選挙によらない民主主義の形態を歴史的に振り返りつつ、政治参加のための「くじ引き」の可能性を示す。傷ついた民主主義をアップデートする希望の書。

978-4-334-04572-2

1166

なぜ中学受験するのか？

おおたとしまさ

やり方次第で「良薬」にも「毒」にもなるのが中学受験。気鋭の教育ジャーナリストが膨大な取材経験と古今東西の文献から導き出した、中学受験の是非論へのファイナルアンサー。

978-4-334-04573-9

1167

毛
生命と進化の立役者

稲葉一男

えっ!? 脳の中の毛?・ウイルスから守る毛?・CO_2で止まる毛?「細胞の毛」研究三〇年のスペシャリストが、生き物や自然、そして私たちの命を支える驚くべきミクロの世界を綴る。

978-4-334-04574-6

1168

肥満・糖尿病の人はなぜ新型コロナに弱いのか
「糖質過剰」症候群Ⅱ

清水泰行

新型コロナのパンデミックや病状悪化の要因となると考えられる糖質の過剰摂取。本書では糖質過剰が新型コロナだけでなく数多《あまた》の疾患の原因となる理由を、最新研究を交え伝える。

978-4-334-04575-3

1169

人生を変えた韓国ドラマ２０１６～２０２１

藤脇邦夫

「愛の不時着」「梨《イ》泰《テ》院《ウォン》クラス」「賢い医師生活」「イカゲーム」など世界を席巻するKコンテンツの一つとなった韓国ドラマ。その深い魅力を傑作80選とともに徹底解説！

978-4-334-04576-0

1170

不登校・ひきこもり急増
コロナショックの支援の現場から

杉浦孝宣＋ＮＰＯ法人高卒支援会

コロナ禍で不登校・ひきこもりの子どもたちは増えただけでなく、可視化されづらくなった。リアルとオンラインを駆使することで前よりもパワーアップした支援現場の知見を学ぶ。

978-4-334-04577-7

1171

保健所の「コロナ戦記」ＴＯＫＹＯ２０２０－２０２１

関なおみ

'20～'21年にかけ、保健所と都庁の感染症対策部門の課長としてコロナ対策の第一線で指揮を執り続けた公衆衛生医師の記録。国立国際医療研究センター・大曲貴夫氏との対談も収録。

978-4-334-04578-4

1172
火星の歩き方
臼井寛裕　野口里奈　庄司大悟

気球でまわる火星一周の旅から、標高2万m超のオリンポス登山、自然の造形美あふれる極地ツアーまで。3人の研究者による、火星の魅力がとことん詰まったガイドブックの決定版！

978-4-334-04580-7

1173
JJとその時代
女のコは雑誌に何を夢見たのか
鈴木涼美

JJに象徴される雑誌は、なぜ多くの女性の心をとらえたのか。単なるファッション情報だけではない、女性が託したもの、夢見たものとは何か。雑誌の時代への限りない愛着をこめた挽歌。

978-4-334-04583-8

1174
〈問い〉から始めるアート思考
吉井仁実

「問い」は「答え」より大きな力を持つ。生きることは「問い」の模索である——。「目に見えないものを見る」には？　アートディレクターと考える、アイデア&イノベーションの育み方。

978-4-334-04581-4

1175
オリックスはなぜ優勝できたのか
苦闘と変革の25年
喜瀬雅則

下馬評を大きく覆し、2年連続最下位からのペナント制覇は、いかに成し遂げられたのか？　逆に、なぜかくも長き暗黒時代が続いたのか？　元番記者が豊富な取材で綴る。

978-4-334-04582-1

1176
ヘーゲル哲学に学ぶ　考え抜く力
川瀬和也

哲学の基本スキルである「考え抜く力」は、同時に人生一〇〇年時代の「社会人基礎力」でもある。十九世紀ドイツのヘーゲル哲学が、二十一世紀のビジネスに〝効く〟理由とは？

978-4-334-04585-2

光文社新書

1177
田舎はいやらしい
地域活性化は本当に必要か？
花房尚作

「地域活性化は正しい」――これは都会に住む者の勝手な思い込みでは？　過疎地域在住12年の著者が、現地での調査やインタビューをもとに過疎地域の〝本音と建前〟を鋭く描き出す。

978-4-334-04588-3

1178
ルポ 座間9人殺害事件
被害者はなぜ引き寄せられたのか
渋井哲也

判決から1年――。わずか2カ月で9人が犠牲になった「座間9人殺害事件」はなぜ起きたのか。若者の生きづらさを長年取材してきた著者が、被害者の心情にも迫りながら再検証する。

978-4-334-04586-9

1179
メタバースとは何か
ネット上の「もう一つの世界」
岡嶋裕史

フェイスブックはなぜ「メタ（Ｍｅｔａ）」に社名変更したのか？　ＩＴのわかりやすい解説に定評のある著者が、話題の「メタバース」の基礎から未来の可能性までを語る。

978-4-334-04584-5

1180
「非会社員」の知られざる稼ぎ方
村田らむ

これまでにないジャンルに根を張って、長年自営で生活している人がいる。自分で敷いたレールの上にあるマネタイズ方法を、特殊分野で自営を続けるライター・村田らむが紡ぐ。

978-4-334-04587-6

1181
「廃炉」という幻想
福島第一原発、本当の物語
吉野実

増え続ける処理水、不可能に近いデブリ取り出し、行く先のない事故炉の廃棄物…なぜ国や東電は廃炉「できる」との幻想を広め続けるのか。長年の取材から「誰も触れない真実」に迫る。

978-4-334-04589-0

光文社新書

1182
サッカー店長の戦術入門
「ポジショナル」VS.「ストーミング」の未来
龍岡歩
ペップ、クロップ、ナーゲルスマン……。日々進化を続ける現代サッカーの行きつく先を、名将たちの知恵比べから読みとく。サッカー未経験、異色の戦術分析官による初の著書。
978-4-334-04590-6

1183
感染症としての文学と哲学
福嶋亮大
文学者や哲学者がいかに感染症＝病のイメージを自らの思考に取り入れてきたか。病とは人にとって何なのか。病気とともに生きてきた人間の一側面を鮮やかに切り取る病の文化史。
978-4-334-04591-3

1184
学校では学力が伸びない本当の理由
林純次
教育界のブラック化、教員の低レベル化、毒親の変異化、児童・生徒の二極化、カリキュラムのカオス化――8万部『残念な教員』著者による危機の教育論。より良い教育の実現のために。
978-4-334-04592-0

1185
歴史検証 **なぜ日本の野党はダメなのか？**
「自民党一強」を支える構造
倉山満
自民党の〝政権独占〟は「無能な野党」に支えられている――。民主政治の本来の姿とは何か。私たち有権者ができることは何か。政治を諦めないために憲政史家が歴史を遡って検証する。
978-4-334-04593-7

1186
鎌倉幕府と室町幕府
最新研究でわかった実像
山田徹 谷口雄太
木下竜馬 川口成人
従来の中世史の常識を覆す研究が次々と発表される昨今、新進気鋭の研究者四名が、最新の学説をまとめて二つの幕府の実像を明らかにする。すべての歴史愛好家注目の一冊。
978-4-334-04594-4

1187
中国が世界を牛耳る100の分野
日本はどう対応すべきか

高橋五郎

深まる米中対立。しかし、「一帯一路」をはじめ中国の現状を見れば、どちらが勝者かは一目瞭然だ。なぜここまで国力を伸ばせたのか。その源泉を中国研究40年の著者が明らかにする。

978-4-334-04595-1

1188
弱くても稼げます
シン・サッカークラブ経営論

小山淳　入山章栄
松田修一　阿久津聡

真に地域に密着し、安定と成長を実現する方程式はあるのか。サッカークラブを起ち上げ5年でJリーグ入りさせた起業家が、第一線の経営学者たちと語るスポーツ産業の未来地図。

978-4-334-04596-8

1189
「現代写真」の系譜
写真家たちの肉声から辿る

圓井義典

私たちはさまざまなジャンルの写真に囲まれて暮らしている。本書では「現代写真」に着目し、日本を代表する写真家たちが何を模索し、何を語ってきたのかを辿ることで流れを一望する。

978-4-334-04597-5

1190
ネットで故人の声を聴け
死にゆく人々の本音

古田雄介

故人が生前残したブログやHP、SNSからは死に際しての隠せぬ本音が見え隠れする。故人がインターネットに残した足跡とどう向き合うべきか？　15の事例から迫っていく。

978-4-334-04598-2

1191
女性自衛官
キャリア、自分らしさと任務遂行

上野友子
武石恵美子

「命を懸けてでもこの国を守る」と誓う傍ら、母親として家族も守る自衛官たちが見出した、究極のワークライフバランスとは？　女性自衛官の生の声にみる新・女性キャリア論。

978-4-334-04599-9